アドラー流

THE ADLERIAN WAY OF ACTIVE LISTENING

岩井俊憲［著］

一瞬で

心をひらく聴き方

かんき出版

「初対面の人と会話が続かない…」

「話しベタで…」

「つい話しすぎてしまう」

「引っ込み思案で人見知り…」

「なかなか人と本音で会話できる仲になっていかない…」

そんなふうに悩むことはありませんか？

はじめに ――自分も相手も大切にする アドラー流聴き方

私はセミナーや企業研修、カウンセリングなどでさまざまな層の人に接していますが、コミュニケーションの悩みは、老若男女問わず、本当によく寄せられます。

また「仕事で人の話を聴く機会が多いので、会話のスキルを磨きたい」という人も、よく私のもとを訪れます。

いずれにしろ、私たちは人と会話をするとき、どうしても話すことに意識を向けがちです。

「うまく話さなくては！」
「会話をリードしなくては！」
「プレゼンのスキルを磨かなくては！」

でも、人から信頼を得るのは、じつは聴く力に長けている人です。

アルフレッド・アドラーが提唱したアドラー心理学は、コミュニケーションに非常に効果的な考え方・実践法です。

話しベタでも人見知りでも、逆に話しすぎてしまう人でも、アドラー流の聴き方を身につければ、相手の心をひらき、自分も相手も大切にした関係を築くことができるのです。

「自分も相手も大切にしながら、相手と本音で話せる関係になる――」

それができれば、コミュニケーションの悩みはもちろん、人間関係の悩みもぐっと減りますね。

会話が苦手という人には、次のような特徴があります。

話しベタの人

- ☑ うまく話せない
- ☑「何が言いたいのかわからない」と指摘される
- ☑ 相手のニーズに沿った話をするのが苦手
- ☑「話が長いよ」と言われてしまう
- ☑「あなたと話したい」と言われない

人見知り・引っ込み思案の人

- ☑ 会話でついあがってしまう
- ☑ 自分から話しかけるのが苦手
- ☑ 気づけば孤立しがち
- ☑ 話すときに緊張して頭が真っ白になる
- ☑ 相手との話が続かない

話しすぎの人

あれはね
それで
これはね
そうそう！

☑「私の話、聞いてる？」と言われてしまう
☑ 仕事やプライベートで「話しすぎだよ」と言われる
☑ 人間関係が長続きしない
☑ なかなか仕事で結果が出ない

ところが、相手の心をひらく聴き方ができると、毎日がこんなふうに変わっていきます。

- ☑人との会話がラクにできる
- ☑「また会いたい！」「もっと話したい」と言われる
- ☑自分がたくさん話さなくても信頼される
- ☑相手と本音で話せるようになる
- ☑相手のニーズや気持ちを汲み取りやすくなる
- ☑「この人は特別」と一目置かれる人になる
- ☑自分の話も聴いてもらいやすくなる

仕事でも、プライベートでも、聴き上手な人はモテるのです。

本書はとくに、こんな人におすすめです。

- ☑ 初対面の相手との会話が続かない人
- ☑ 話しベタの自覚がある人
- ☑ つい人見知りしてしまう人
- ☑ 人の話を聴く仕事をしている人
- ☑ 部下や後輩をまとめるマネジメント業務に携わっている人
- ☑ 会議や打ち合わせの多い仕事をしている人
- ☑ 顧客といい関係を築きたい営業職の人
- ☑ 友人やパートナーと本音で話せる関係を築きたい人
- ☑ 「私の話、聞いてる？」とよく言われてしまう人
- ☑ 気づくとつい話しすぎてしまう人

聴く力を身につけることができると、一気に世界が広がります。

「どんな人とも本音で会話ができるようになりたい！」

「もっと相手から信頼されたい！」

「『この人ともっと話したい』『この人でなければ！』と思ってもらいたい！」

そんな思いをもっているなら、ぜひ本書で聴く力を身につけて、自分も相手も大切にした人間関係を築きましょう。

2016年　2月　岩井俊憲

CONTENTS

アドラー流 一瞬で心をひらく聴き方

PART 2 聴き上手な人の6つの特徴

PART 3 これだけは押さえたい！ 聴き方の基本

PART 4 「この人でなければ!」と思わせる聴き方の応用

PART 5 ケース別会話例 ～仕事編～

PART 6 ケース別会話例 ～プライベート編～

EPILOGUE

自分と相手のタイプを知ろう

カバーデザイン●井上新八
本文イラスト・デザイン●石山沙蘭

PROLOGUE

アドラー心理学の基本用語

本章では、数多くあるアドラー心理学の考えの中で、とくに聴き方に関連する用語や考え方をピックアップして解説します。

アドラー心理学とは？

本書は、アドラー心理学の考え方をもとに「聴き方」「人との関わり方」について解説します。そもそもアドラー心理学はどのような心理学なのでしょうか。

1　欧米ではフロイトやユングとともに「心理学の3大巨頭」と呼ばれている

2　アドラーが打ち立て、さらに後継者たちが発展させ続けている

3　部下指導や子育て、カウンセリングなど、聴くことや話すこと、人間関係に非常に効果のある心理学だと言われている

現代の自己啓発に影響を与えた心理学だと言われているよ

アドラー心理学の全体像

アドラー心理学の理論は、大きく分けると次のようにまとめられます。

勇気づけ
自分や他人に対して、困難を克服する力を与える

自己決定性
人は、自分自身で運命を切り拓くことができる

目的論
人の行動には、かならず目的がある

全体論
人は本来矛盾しておらず、いろいろな面を内包して成り立っている存在である

認知論
人は自分だけのメガネ（主観）で物事をとらえている

対人関係論
人のあらゆる行動には、相手役が存在する

共同体感覚
「自分には居場所がある」「人は信頼できる存在だ」「役に立っている」と思える場で生きている感覚

次ページ以降は、上記の中から、とくに「聴き方」「コミュニケーション」に関連する用語について解説します。

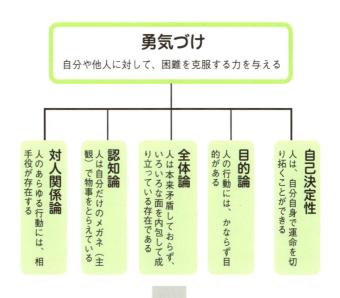

勇気づけ

アドラー心理学は「勇気づけの心理学」とも言われています。勇気づけとは、「困難を克服する活力を与えること」です。勇気づけの習慣があれば、さまざまな問題に直面しても、自分自身の力で乗り越えていける力を培うことができます。

勇気づけとは…

1 困難を克服する活力を与えること

2 ほめることでも激励することでもない

3 元気な人をより元気にするだけでなく、落ち込んでいる人や、うつ状態の人を力づけることもできる

4 自分自身を力づけることもできる

5 「尊敬」「信頼」「共感」をベースに、人との関係を築いていく

人間関係を築くとき、人に対して勇気づけができると、「この人は信頼できる！」と思ってもらいやすくなるよ

ほめ言葉と勇気づけの言葉の特徴

ほめ言葉

えらいじゃない

やったじゃない

がんばったよね

ほめ言葉の弊害

- 一見よいメッセージのように思えるが、上から目線で相手を評価するメッセージにあたる
- 相手がプレッシャーに感じてしまうことも
- 言われた相手は、次第にごほうびがないと動かなくなってしまうことも…

勇気づけの言葉

○○さんの願いがかなって私もうれしいよ！

これって○○さんが努力してきた結果だよね！

あなたの今回のサポート、とても助かったよ！

勇気づけの言葉のもたらす効果

・尊敬・信頼・共感をベースにしているため、信頼関係が築きやすくなる
・相手が自ら動くようになる

勇気づけに必要な3つの態度

勇気づけに必要な態度・姿勢は３つあります。相手に寄り添い「共感」する姿勢、相手がどのように振る舞っても、相手の背後にある善意を見つけ続ける「信頼」の姿勢、そして上下関係でなく、無条件に相手を敬い、礼節をもって接する「尊敬」の姿勢です。この３つを意識していると、自然と勇気づけの姿勢が身につき、相手の心をひらく聴き方を実践しやすくなります。

勇気づけの5つの技術

勇気づけには5つの技術があり、実践していると、相手の心がひらいていきます。仕事でもプライベートでも、話の聴き役を務める際には非常に有効です。

1 感謝を表明すること

相手に対して感謝できる要素を見つけ、言葉や態度にして表す

2 ヨイ出しをすること

相手のよい面に注目するクセをつけて伝える

3 聴き上手に徹すること

自分が主役になって話すのではなく、相手を主役にして、聴き役に徹する

4 相手の進歩・成長を認めること

相手の行動のプロセスに注目し、進歩している点、成長している点を細やかに伝える

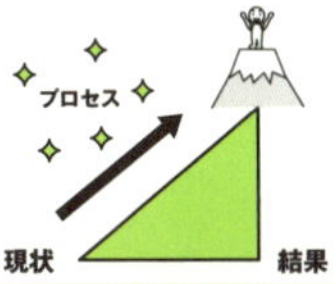

5 失敗を許容すること

相手が失敗しても、責めるのではなく、あたたかく受容する

これらを意識して聴く力を磨いていきましょう。

目的論

「目的論」とは、人間の行動にはかならずその人自身の意図をともなった目的があるという考え方です。これは、過去の原因が現在に大きな影響を及ぼしているという「原因論」の考え方とは真逆の発想です。

人の話を聴く際、過去の原因に目を向け、「なぜこうなったのか」ということばかり追求すると、相手は責められた気持ちになって心を開かなくなる可能性があります。「どうすれば○○できる？」と未来に目を向けて建設的な視点をもてば、相手からの信頼感は深まります。

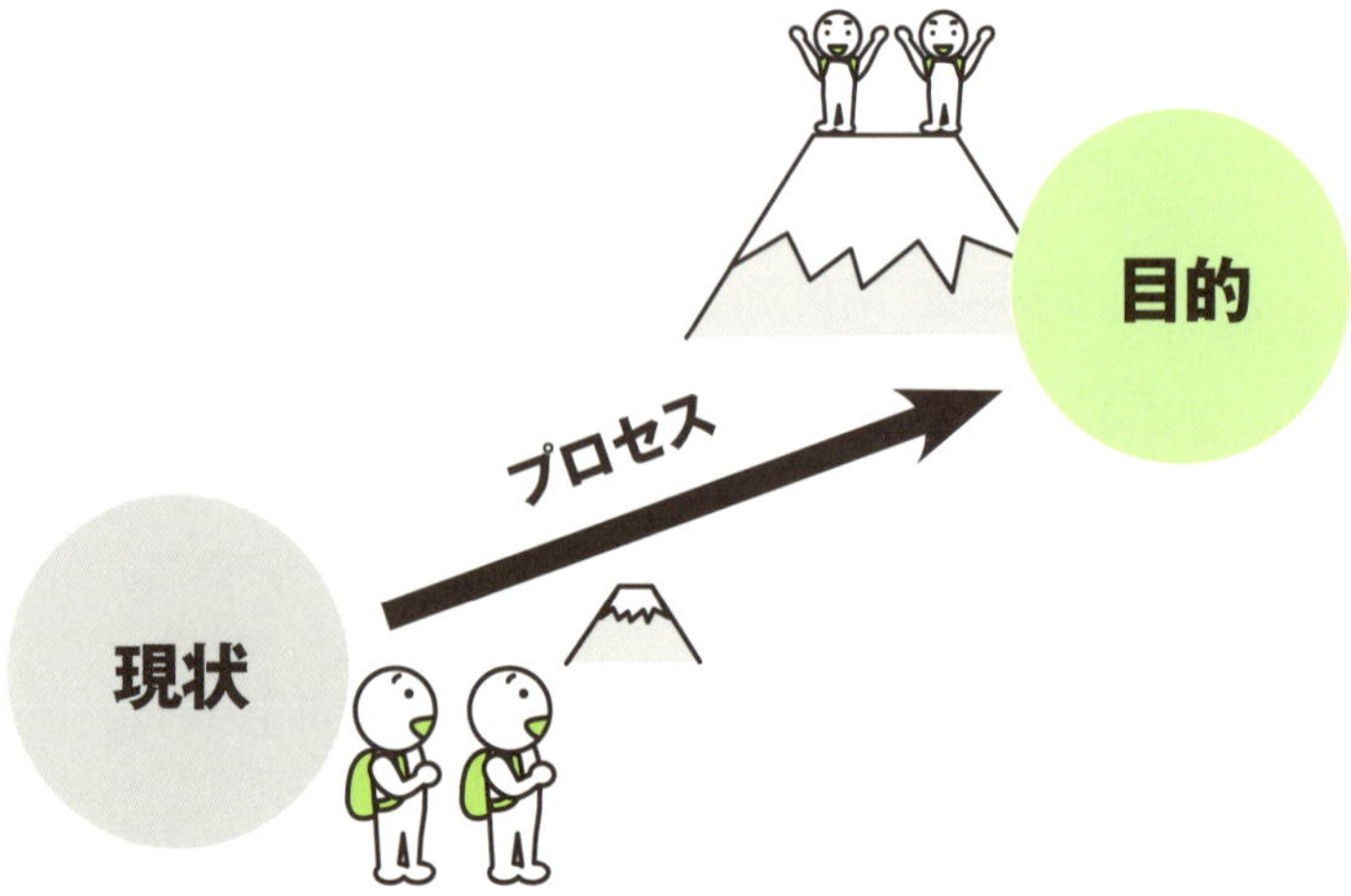

原因論の問いかけ

なぜ、あんなことをしたの?

どうして、ああなってしまったんだと思う?

目的論の問いかけ

どうすれば○○できると思う?

あなたは本当はどうしたい?　どうなりたい?

原因論と目的論の違い

原因論

- Why「なぜこうなった?」という発想
- 意識が「過去」に向いている
- 相手や物事の足りないところ、負の部分に目がいきがち
- 言われる側は責められたような気持ちになることも…

目的論

- How「どうしたら○○できる?」の発想
- 意識が「未来」に向いている
- 相手の可能性や発展的な部分に目が向きやすくなる
- 言われる側は「共感してもらえている」「寄り添ってもらえている」という気持ちになりやすい

相手の心をひらく聴き方ができるようになるには、相手が何のためにこのような行動をとるのか、その目的を理解しようとする目的論の姿勢をもとう

認知論

人は誰もが自分特有のものの見方を持っています。オーダーメイドのメガネをかけているようなものです。そして、そのメガネを通して、体験や出来事を解釈して、判断や行動をします。このことを認知論と言います。

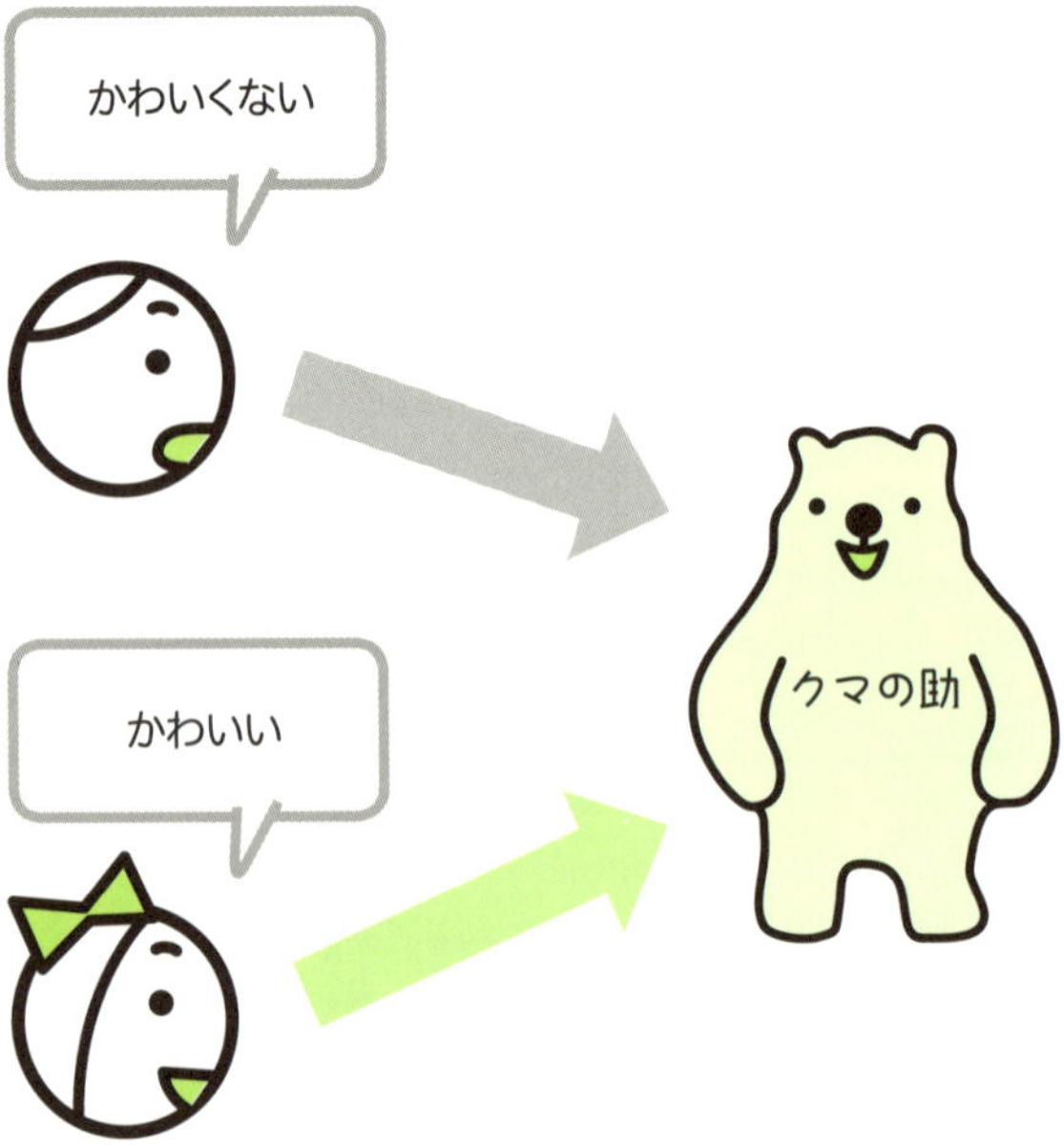

ベイシック・ミステイクス

自分流のとくにゆがんだ主観的なものの見方のことを、アドラー心理学ではベイシック・ミステイクス（基本的な誤り）と呼んでいます。代表的なものとして、5つあります。

決めつけ

可能性にすぎないものを自分で勝手に決めつけてしまう

明日も遅刻するに違いない

誇張

物事を拡大しておおげさにとらえてしまう

あいつはしょっちゅう遅刻ばかりしている

過度の一般化

一部うまくいかないことがあると、別のこともうまくいかないと思い込む

遅刻するやつは、仕事ができない

見落とし

ある部分だけを切り取って見て、大事な側面を見落とす

（客先では評判がいいものの）遅刻するから何もかもうまくいかない

誤った価値観

無価値で存在する意味がないなどととらえる

遅刻するのは人間として最低で、仕事を辞めるべきだ！

かけているメガネ（もののの見方）は人それぞれ

電車の中で化粧をする女性に対して

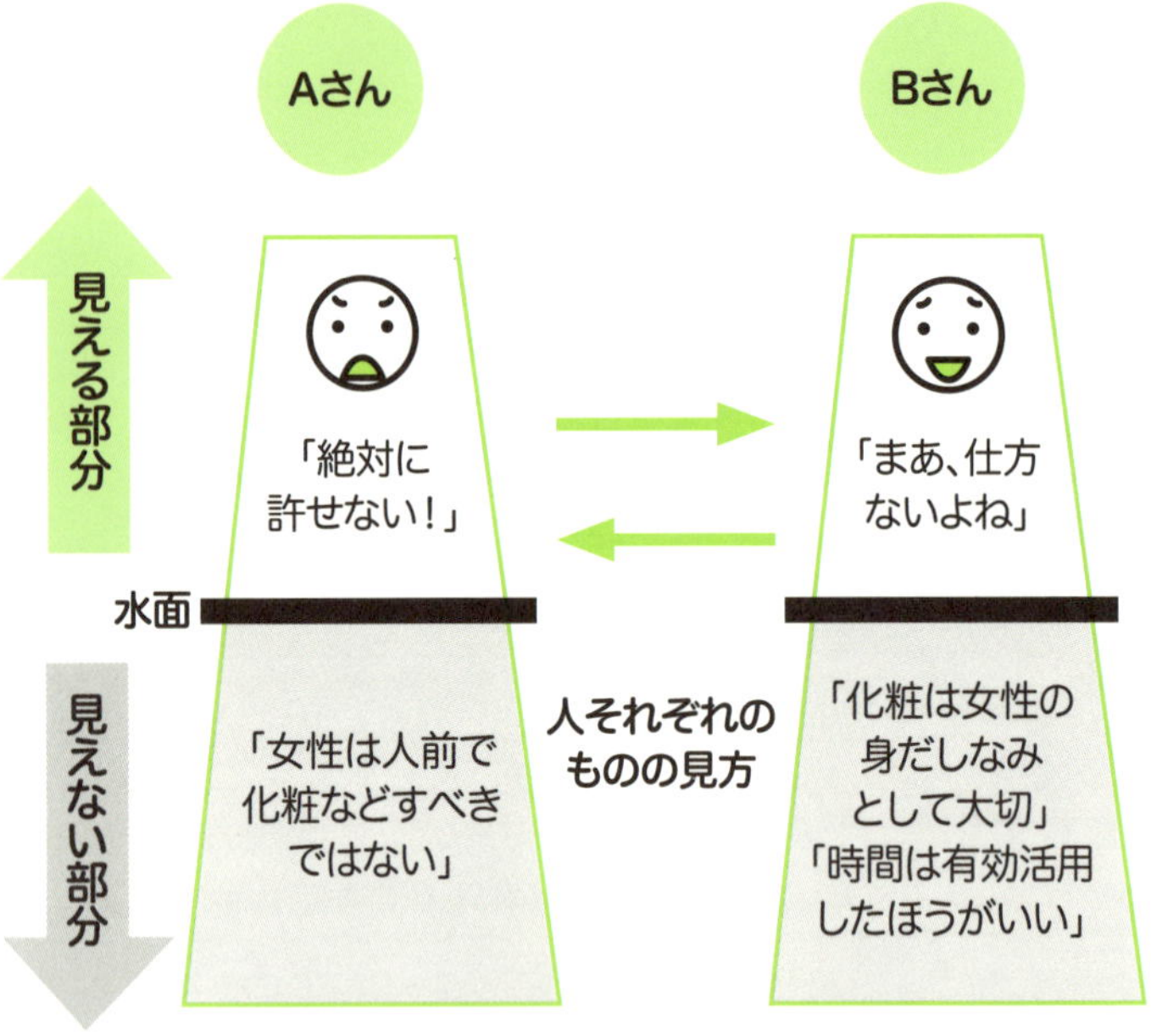
Aさん
Bさん
見える部分
見えない部分
水面
「絶対に
許せない！」
「まあ、仕方
ないよね」
人それぞれの
ものの見方
「女性は人前で
化粧などすべき
ではない」
「化粧は女性の
身だしなみ
として大切」
「時間は有効活用
したほうがいい」

相手のものの見方（メガネ）に関心をもつ

一致させるのではなく
お互いに話し（聴き）合うことを大切にする

ゆがんだメガネをはずして聴くための3つのポイント

1 相手の話の意見と事実を分けて聴く

これは事実？　それとも思い込み？

2 相手のものの見方に確かな根拠があるかどうかを確認する

根拠はある？

3 聴いている自分自身が、主観のメガネをかけていないか注意する

これは私の思い込み？

人の話を聴くときには、この認知論の考え方を理解しておくと、トラブルや行き違いを防ぐことができるよ

対人関係論

アドラーは「人間のあらゆる行動は、相手役が存在する人間関係である」と言っています。この相手ありきの考え方を、アドラー心理学では対人関係論と言います。

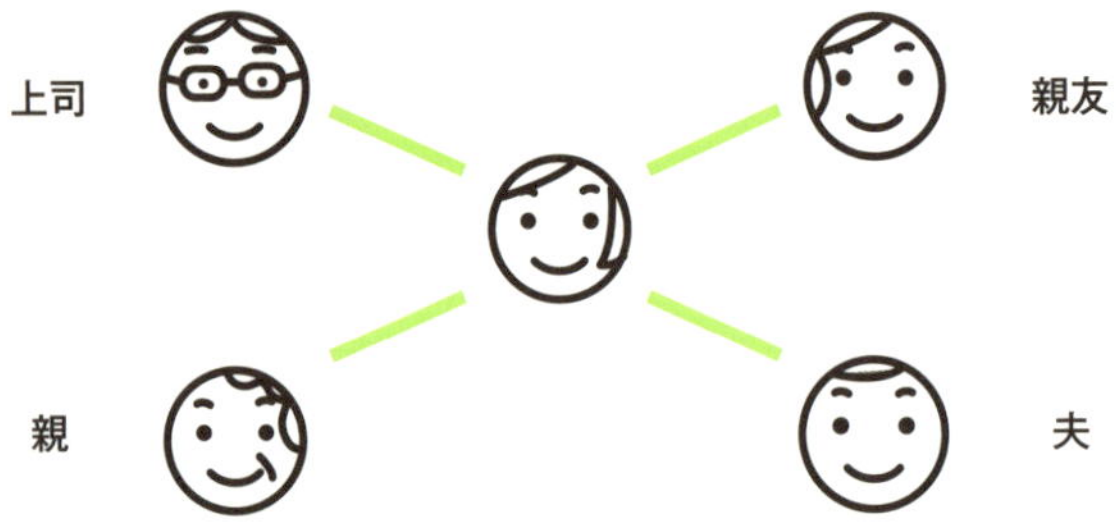

人の話を聴くときに心がけたい3つのポイント

1 相手を変えようとしないで聴く

2 相手を理解したいなら、その人の対人関係のパターンを観察する

3 対等な関係(ヨコの関係)を心がける

ヨコの関係

ヨコの関係とは、相手と対等な関係を築くことで、アドラー心理学ではとても重視している考え方です。部下を指導する立場やカウンセラーの立場であったとしても、相手の話を聴く際には、このヨコの関係を意識することが非常に重要です。

立場・年齢・職位などの違いがあっても、私たちは人として対等な存在です。そのことを十分に踏まえて相手の話を聴けるようになったとき、本当の意味で信頼関係を築くことができます。

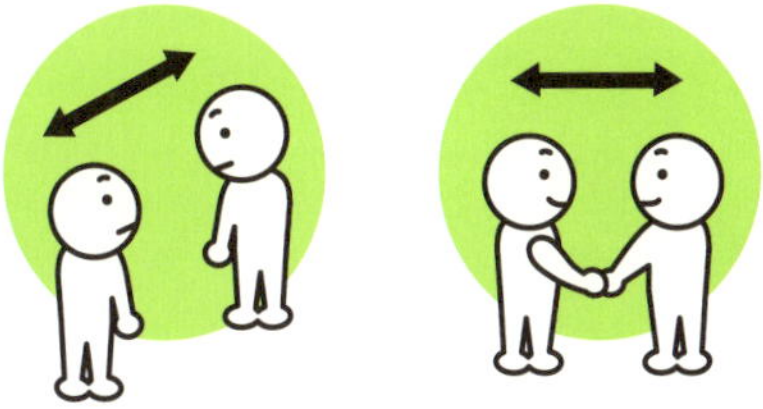

タテの関係　ヨコの関係

ヨコの関係を築くための3つのポイント

1 相手の上に立とうとしない

2 自分を卑下したりへりくだったりしない

3 相互信頼・共感・協力を意識してコミュニケーションをとる

共感

アドラー心理学でいう「共感」とは、相手の関心事に関心をもつことです。人間関係がうまくいかない人は、自分にしか関心がなく、自分中心の話題で人に接することが多いのです。

一方、共感力に長けている人は、相手をよく理解しようと話を聴き、質問し、相手を中心にして話題を展開します。そのため、相手と心の架け橋を築くことができるのです。

アドラー心理学はカウンセリングの技術としても非常によく活かされています。聴き上手になるには、この共感のスタンスを大切にしたいですね。

相手を「かわいそう」と憐れんで優越感を抱いたり、支配・依存関係になることは「共感」ではなく「同情」になってしまうから注意しよう

相手の関心事に関心がある人	自分にしか関心がない人
 相手中心に話題を展開できる	 自分中心の話題で接する
 時に質問をする	 質問をほとんどしない
 相手と心の架け橋を築く・好感をもたれる	 会話が成り立ちにくい
 相手の目で見、相手の耳で聴き、相手の心で感じる	 自分の目で見、自分の耳で聞き、自分の心で感じる

課題の分離

課題の分離は、対人関係論の中でヨコの関係と同じくらい重要な考え方です。たとえば何か問題が起きたとき、頼まれたわけでもないのに口を出してしまったり、相手のかわりに問題を解決しようと踏み込みすぎてしまったり、相手の悩みを一緒に抱え込んでしまったり…といったことはありませんか？

課題の分離は、相手との関係において、相手の課題なのか、自分の課題なのかを明確にし、踏み込まない、踏み込ませないことを言います。

課題の分離ができていないときに言いがちなセリフ

私がなんとかしてあげなきゃ！

そんなことをしちゃダメだよ！

あなたはこうすべきだと思うよ！

カウンセラーが、精神的に深く思い悩んでいるクライアントの話を聴いているうちに、自分自身も同様の症状に陥ってしまうということがあります。これは、課題の分離の考え方ができていないときに起こりがちです。

人の話を聴く際には、「相手の課題は相手のもの」という意識を忘れずにもっておくことが、依存的な関係を防いで自立した関係を築くために大切な要素です。

課題の分離を心がけて聴くための3つのポイント

1 相手の課題を一緒に抱え込まない

2 その人が自分で課題を解決できると信じる

3 頼まれていないのに助言やサポートをしない

アドバイスしたり手を貸したりするのは、相手からはっきりと頼まれたときだけにしよう

COLUMN

アドラー心理学の広がり

アドラー心理学の創始者であるアルフレッド・アドラーは、1870年にオーストリアで生まれ、眼科・内科・精神科の医師をしていました。その後、精神分析の創始者であるジグムント・フロイトとの交流を経て、独自の「個人心理学」と呼ばれる理論体系を構築しました。アドラー心理学は、この個人心理学が発展したものです。

アドラーの生きた当時、第一次世界大戦後に敗戦国になったオーストリアの土地では、急速な民主化が進む中で、さまざまな問題が起こりました。そのような状況下で、アドラーはとくに教育分野に力を注ぎ、ウイーンに世界ではじめての児童相談所を設立したといわれています。

近年、アドラー心理学は世界に広がり、教育分野にとどまらず、ビジネスの分野でも効果が実証されはじめています。日本でも、カウンセリングやマネジメント分野をはじめとして、現代人が抱えるあらゆる分野の課題に、今後ますます応えていくことになるでしょう。

PART

1

聴きベタな人の5つの特徴

聴きベタな人には、大きく分けて5つの特徴があります。あなたやまわりの人にも、当てはまることがありませんか？

1 相手の話の途中で言葉をはさんでしまう

相手の話を最後まで聴かないで、つい途中で口をはさんでしまったり、さえぎってしまう。「自分の話をしたい人」というふうによくみられる。

これを繰り返していると、相手に「この人は自分の話を聴いてくれない人」と思わせてしまう。

2　相手との会話に集中していない

相手が話しているのに、ほかのことをしながら片手間で耳を傾けている状態。忙しかったり、相手や相手の言うことにあまり関心をもっていないときにしてしまいがち。

相手は「大事にされていない」「興味をもってもらっていない」と思ってしまう。

聴いてない…
失礼な人だな…
ふぅ～ん
そうなんだぁ～
ケータイ

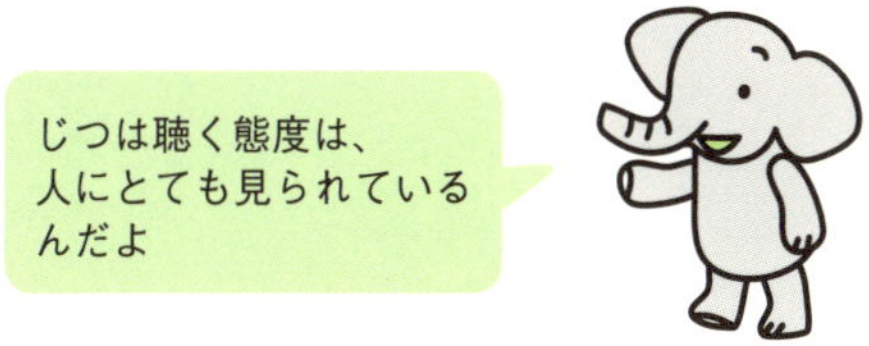
じつは聴く態度は、
人にとても見られている
んだよ

3 自分の話ばかりする

相手の話を聴かず、自分の話を一方的にしてしまう。

話をしている本人は気持ちがいいが、相手に気を使わせたり、対等なヨコの関係、親しい関係を築きにくくなる。

4 リアクションがとぼしい・無反応

相手が一生懸命話しているのに、それに対して自分がどう感じているのかリアクションをしない。人間関係をうまく築けていない人によくみられる。

話す相手は「自分のことを好きではないのかな」と思ってしまう。

5 相手の話を否定したり、説教口調になる

相手の話を評価するような態度で聴き、自分と意見が違うと否定したり、説教をはじめる。本人は相手のことを思って発言しているつもりでも、相手は「この人にはわかってもらえない」「話しても仕方がない」「人格を否定された」と思い、次第に距離を置くようになってしまう。

ワンポイント
アドバイス

聴き上手な人には居場所が生まれる

会話は、人と人とを結びつける行為です。
ところが、これまでにあげた５つの特徴をもっている人は、残念ながら人と人との結びつきから遠ざかってしまっています。

上手に聴くことで、職場や家庭にあなたの居場所ができます。
相手の話をしっかり聴く人＝相手を大事にしている人。
うまく話せる人が、かならずしも好かれるわけではありません。

人と人との関係は、会話の中で親密になっていきます。
人から信頼される自分になりたいなら、まずは聴く力を磨きましょう。

COLUMN

メールより、会って話そう

スケジュールや合意事項、感謝の気持ちをメールで伝えるのは好ましいことですが、読んで相手が不快になったり、誤解しがちな内容をメールで伝えるのは要注意です。一方、直接会って話すときは、ほかのコミュニケーション手段（身ぶり手ぶり、表情、口調など）によって補うことができますし、相手の反応によって軌道修正も可能です。

しかしメールは、文章を何度も読み返されることがあり、その言葉によって相手が何度も怒りや悲しみを感じたりすることがあります。ですから、否定的な感情（とくに怒り）や相手の人格に触れる内容のメールを送るのは危険です。

できるかぎりメールに頼らず、会って話すように心がけるだけでも、人間関係はずいぶん良好になりますよ。

PART

2

聴き上手な人の6つの特徴

聴き上手な人は、どのようなことを心がけているのでしょうか？　大きく分けて、6つの特徴がみられます。順にみていきましょう。

1　身体全体でリアクションをする

これができると　**「この人と話すと楽しい！」と思ってもらえる！**

コミュニケーションには、わかりやすさが大切です。

聴き上手な人は、ただ言葉で応答するのではなく、身体全体で聴いていることを表現します。

「また会いたい」「もっと話したい」と相手に思ってもらいたいなら、身体全体でリアクションすることを意識してみましょう。

○○さんと
話すと楽しいな
そうなんだ～！

2 最後まで話を聴く

これができると 「この人は信頼できる」と思ってもらえる！

せっかちな人は、相手を安心させることができません。人と深い人間関係を築くには、安心感・信頼感が非常に重要です。聴き上手な人は、話し手のペースに合わせることがいかに大切かを知っています。

待つこと＝相手を大切にすること。話がゆっくりな人、早口な人、言葉をつむぐのに時間がかかる人…いろいろな人がいますが、聴き上手な人は、相手の言葉が終わるまで、待つことができるのです。

3 相手の話が広がっていくような質問ができる

これができると

相手とどんどんわかり合える関係になる！

会話の質は聴き手によって左右されるといっても過言ではありません。聴き手が質問上手・引き出し上手なら、会話は新たな発見や広がりに満ちたものになります。
たとえば仕事ではアイデアや要望がどんどん明確になり、プライベートでも相手との関係がぐっと深まっていくため、公私ともに「どうしてもこの人にいてほしい」という存在になれるのです。

4 話すより聴くことに時間を使う

これができると

話しベタでも相手と親密になれる！

人といい関係が築ける人は、話すことより聴くことに力を注ぎます。たとえば、結果を出す営業マンは、相手が何に困っているのか、どんなことを解決したいのか、とことん耳を傾けて、その要望に沿った満足度の高い商品を提案します。相手を圧倒するような営業トークに長けているとは限らないのです。

人は自分の話を聴いてくれる人が好きな生きものです。
だからこそ、聴き上手な人は、仕事でもプライベートでもモテるのです。

5　プラスの話にもっていく

これができると

まわりに前向きな人が集まってくる！

「その人と一緒にいると明るい気持ちになる」「一緒にいると前向きになれる」――まわりからそう思われている人は、相手の話を聴いたとき、プラスの言葉で返すことができている人です。そしてどんどん前向きな人が集まってくる分、気持ちのよい人間関係を築いています。

グチや人の批判ばかり言っている環境に身をおきたくないなら、プラスの言葉で返すクセをつけるのがおすすめです。

6 勇気づけができる

これが できると　**あなた自身も応援される人になる！**

アドラー心理学では「勇気づけ」の考え方を大切にしています（24ページ参照）。聴き上手な人は、決して相手を見下したり、こびへつらったりしません。相手と対等な関係、そして相手を肯定する姿勢で話を聴きます。

自分を肯定してくれる人を批判する人はあまりいないもの。
だからこそ、勇気づけができる人は、まわりから応援されるのです。

アドラー心理学の「勇気づけ」のスタンスは、カウンセリングや教育、部下指導に活かされることも多いよ

うまくいくかなぁ
あなたの努力が実ったら、私もうれしいよ！

相手を話し上手にさせる 8つの聴き方のコツ

相手の心をひらく聴き方ができる人は、相手を話し上手にさせることができます。PART3 から具体的に解説していきますが、ここでは相手を話し上手にする 8 つのコツを見ていきましょう。

1 姿勢

相手より、やや節度のある姿勢を心がける

2 態度

態度とは、主に言葉づかいのこと。相手よりもやや丁寧に話すぐらいがちょうどよい

3 距離

相手との関係によって適切な距離がある。家族・恋人を除くと 1.2メートルほどが◎

4 表情

相手の話の内容や相手の表情に合わせる

5 視線

視線は喉から口元を見て話す（相手の目を凝視すると、威嚇されていると思われる）

6 あいづち

あいづちは嫌味にならない程度に。「なるほど」「へぇ～」「それで」と投げかけて、話し手にリズム感を与える

7 質問

「それはいつのことですか？」「そのとき何が一番印象に残っていますか？」など、相手の話のフレームワークの中で質問する

8 確認（繰り返し、明確化）

聴き手が理解の度合いを示し、聴き手と話し手の間に生じる理解のギャップを埋める

繰り返し…単純に相手の言ったことを反復する
例：相手「その業務はいつごろまでかかりますか？」
あなた「業務がいつごろまでかかるかだって？」

明 確 化…相手の言葉の背景にある情報や感情を推測して確認する
例：相手「その業務はいつごろまでかかりますか？」
あなた「もしかして、何か相談があるの？」

これらのことができていると、話し手に違和感を与えず、共感の態度で聴くことができます。

COLUMN

会えないときは電話をしよう

前章で「メールより会って話そう」とお伝えしましたが、会う機会がないときはどうしたらいいのでしょうか？
おすすめは、電話です。

会ったときのような、身ぶり手ぶりや表情は見えませんが、口調や言いまわしは伝わってきますし、相手とのやり取りの中で軌道修正ができます。さらに、電話でなら、相手との共通点を探すことも、お互いにつながろうとする意識を高めることもできます。会って話すよりも気軽な気分で話せる場合もあります。何より、メールより、相手との双方向のコミュニケーションになるのです。

とくに意見の違いが生じているときや、相手を傷つけてしまうかもしれない案件、メールで微妙な意図が伝わりにくい内容などは、電話でやりとりしましょう。

PART

3

これだけは押さえたい！聴き方の基本

話しベタや人見知りでも、聴き方の基本ができていれば「この人は信頼できる」と思ってもらえるもの。本章では、人の話を聴くにあたって、これだけは押さえておいてほしいというポイントについて解説します。

心地よく話したいなら、まず聴こう

●一方的に話すのでは会話にならない

「話し方」「聴き方」の双方に関連するコミュニケーションについて触れておきましょう。

英語の〝communication〟には、「お互いを結びつけること」という意味合いがあります。

つまり、情報の送り手（発信者）と受け手（受信者）を記号（言葉・表情・身ぶり手ぶりなど）を通じて結びつけることです。結びつける内容には、情報・感情・意志などがあります。

ここで大事なことは、**一方的に話すだけではコミュニケーションは成立しない**ということです。たとえば、ピッチャーが一生懸命ボールを投げても、キャッチャーがいなければ暴投になってしまい、ボールを受けとめられません。しっかりと受信する人がいるからこそ、発信は成り立つのです。

聴き上手な人は、先に相手に話してもらう

もうひとつ心がけておきたいことは、**人は聴くことよりも話すことに、より関心を持っている**ということです。

たとえば、昔なじみの人に10年ぶりに会ったとき、多くの人はまず、この10年間の自分の体験を話したがり、話し終えてから「ところで、○○さんはこの10年どうだった？」となります。

心地よく話したかったら、まずは相手に話してもらって、相手が聴く準備ができたところであなたが話すことです。

話すよりもまずは「聴く」ことを意識しましょう。

聴き上手になる3つの心がまえ

聴き上手になるためには、テクニックより、まずどんな心持ちでいるかが大切です。テクニック以前の基本中の基本は次の３つです。

1 「自分が話したい」という誘惑をコントロールする

お互いが話したい者同士で話しはじめると、どちらが話し手でどちらが聴き手かわからなくなるため、まず相手の話をさえぎらずに聴く

相手の話を十分に聴けば、次はこちらの話も聴いてもらえる

そうなんですよねー私もそれで困ってて…

2 手を止め、膝を向け、目線を合わせる

相手が話しかけてきたら、パソコンに向かっているときでも、新聞を読んでいるときでも、手を止めて、相手に膝を向けて、目線を合わせて話を聴く

ねえねえ
はい
一生懸命聴いていることが相手に伝わる

3 しっかりと観察する

こちらが話す前の段階なら、相手の言葉だけでなく、表情・身ぶり手ぶり・姿勢などをしっかりと観察する

言葉以外のメッセージを聴き取れる
ふーん、っていうか これ見て見て

相手の話を聴くときには、まず最低限、この3つのことを意識しましょう。

1 「聞く」よりも「聴く」

人との会話では、「聞く」より「聴く」を意識しましょう。「聴く」に対応する英語は〝listen〟です。英語で話すとき、後ろに前置詞の〝to〟がつきます。〝listen to the music〟というのは、特定の音楽をしっかりと聴くニュアンスがあります。

また、「聴く」の旁（つくり）の「十」の下の「四」のように見える字は、もとは「目」だと漢和辞典に書いてあります。「聴」の字は、耳だけでなく目も駆使して相手から伝わってくる情報・感情・意図を受け取るという意味があります。つまり五感を総動員して、観察しながら対応することなのです。

自分の関心をもとに問い詰めたり、尋問する「訊く」にはならないようにくれぐれも注意しましょう。

聴 ＞ 聞 ＞ 訊

聴くときに意識したい3つのこと

1　対象を定めてきく

営業成績の伸ばし方についてもっと質問したほうがよさそうだな

2　意識的・積極的・能動的にきく

そうなんだ！すごくよさそうだね。胃腸が弱い人も大丈夫なのかなぁ

3　観察しながらきく

それでね
すごくうれしそうだなぁ…

2 相手の話・人柄に興味をもって聴く

共感の姿勢をもって相手の話に耳を傾けると、話がどんどん展開していって、相手への理解や絆が深まります。

では話をするときに、私たちは何を対象に共感すればよいのでしょうか？

それは「相手の話」と「相手の人柄」の2つです。相手の話に関心をもって聴いているうちに、本音で話ができるようになります。そして「相手の話」から発展して「相手の人柄」に魅力を感じ始めるのです。

たとえば、初対面の人と名刺交換をして、話が進むうちに、相手からある県名が出てきたので、出身地を尋ねたら、偶然同郷であることがわかったり、同じスポーツをやっていることがわかったりすると、ぐっと親しみが増します。

「ラポール」ができると、最初は仕事で出会った人でも、まるで友人のような関係になれるよ。話す人そのものに興味をもって聴こう
「心と心の架け橋」ができたような、お互いが信頼関係で結びついた心理状況を「ラポール」と呼ぶよ

ラポール（信頼関係）のつくり方

相手の話に興味をもつ

相手：そのあたりの顧客の動きを瞬時につかむのは本当に難しいんだよ。釣りで浮きが沈んだ一瞬のタイミングをとらえるような…

あなた：そうですね。せっかくのチャンスを逃さないように細心の注意を払います

あなた：それはそうと、佐藤部長は釣りをされるんですか？

相手自身に興味をもつ

相手：釣りは毎月1回かならずしているよ

あなた：そうなんですね！ ボクも釣りが大好きなんです。海はいいですね

相手：おおそうか！ じゃあ今度船に乗せてあげよう

3 頭から決めつけずに聴く

「○○に決まっている」「○○に違いない」と、決めつけて話す人がいます。しかし決めつけは、その人の別の側面を見逃すことになります。

たとえば、よく遅刻する人を「ルーズな人」と決めつけていると、じつはお客様の信頼を得ていたとしても、仕事全般でルーズだという印象が強く、お客様の信頼を得ている側面を見逃してしまいます。

人の話を聴くときも同様に注意しなければなりません。

相手の話の内容を「○○かもしれない」と推測して聴いているうちはいいのですが、話の内容だけでなく、その人を「○○に違いない」と決めつけてしまうと、ほかの可能性を排除してしまうことになるのです。

仕事でもプライベートでも、自分の思い込みで頭から決めつけずに聴くスタンスを大切にしましょう。

決めつけない３つの聴き方

1　相手の言うことだけでなく、表情・身ぶり手ぶりなどの非言語的な要素も観察する

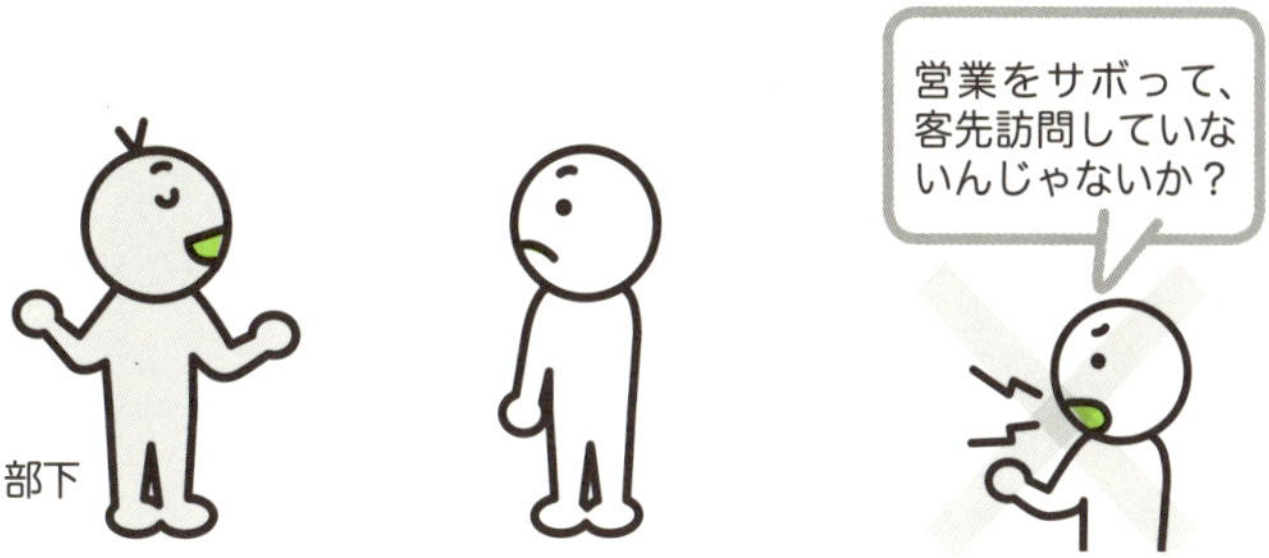
部下
営業をサボって、客先訪問していないんじゃないか？

2　自分が信頼する聴き上手な人ならどう判断するか、推測しながら話を聴く

最近、S社に訪問していないのはメールですんでいるからです
部長
部長なら「そうか、しっかりフォローしてくれよ」と言うかな

3　自分の推測が妥当かどうか、別の人にも確かめてみる

S社に同行してみようと思うんですけど
それはいいね
部長

4 あいづち・うなずきで相手を主人公にする

あいづちは「へぇー」「なるほど」「それで」などと、言語を用いて、相手の話に調子を合わせながら同意を示すことです。それに対して「うなずき」というのは、身体や表情などを用いて、相手に合わせることです。

聴き上手な人は、相手を話の主人公にして、あいづち・うなずきを多用します。

「あいづち」「うなずき」がないと、よほど話し慣れている人を除いて、話が中断してしまいます。話し手の中には「相手に嫌われているのではないか」「この人は私の話や私自身に興味がないのでは？」と思う人もいます。

上手な「あいづち」のうち方は、うなずきをともないながら、左ページの①納得・同意、②驚き・感動、③誘い水・継続の3つの聴き方を心がけることです。

「あいづち」「うなずき」は、聴き上手の基本です。

「あいづち」というのは漢字で「相槌」と書き、「鍛冶(かじ)で、弟子が師と向かい合って互いに槌を打つこと」と『広辞苑』にあるよ

効果的な3つのあいづち・うなずき

1 納得・同意‥‥「なるほど」「そうですか」「同感です」

2 驚き・感動‥‥「へぇー」「本当ですか！」「すごい」

3 誘い水・継続‥‥「それで」「と言いますと」「もっと詳しく教えていただくと」

5 相手の口元を見る

相手の話を聴くときに視線をどこにおけばいいか気になることはありませんか?

欧米から伝わるコミュニケーションの本では、ほぼ100%「相手の目を見よ」と書いてありますが、日本では、相手の目をじっと見て話すと威嚇的な印象を与えることもあるため、胸元やネクタイの結び目という人もいます。

もっとも自然なのは、口元を見ることです。

よく「カメラ目線」と言いますが、自分と水平の位置にあるカメラをじっと見ると、かなりきつい目になります。水平の位置から5度ばかり下を見た目線は、カメラでとらえても優しい目に写ります。

話を聴くときも、この角度を意識すると、話し手に優しい印象を与えますよ。

見た目が相手に与える印象は強烈だから、視線をやわらかくすることは好感度をアップさせる大きな鍵になるよ

相手の口元を見ることのメリット

1　相手から優しい目に見える

相手の目を見たとき

凝視して怖い表情に

相手の口元を見たとき

落ちついた穏やかな表情に

2　視線を避けている印象は持たれない

3　口元のあたりに表情を表す筋肉が多くあるため、相手の微妙な表情の変化を観察できる

6 声のトーンに抑揚をつける

「精一杯努力したんだね」という言葉を甲高い声で言ってみましょう。相手をからかっているような軽い印象になりませんか？　逆に超低音で言うと、威嚇しているような気持ちになるのではないでしょうか。

声のトーンが相手に与える影響は、とても大きいのです。

新婚早々の妻は、弾んだ明るいトーンで夫を出迎えて言いました。「あら、もう帰ってきたの♪」。夫は、「早く帰れてよかった」とうれしくなります。

ところが、結婚15年を過ぎた妻は沈んだ暗いトーンで「あら、もう帰ってきたの」。夫は、「早く帰っちゃまずいのか…」と思ってしまいますね。

同じ言葉を使っても、声のトーンだけで伝わり方はまったく異なってくるのです。

さらには、言葉そのものよりも言葉のトーンに影響を受けるということだよ
あいづちやうなずきと同じで、人は聞いたものよりも見たものに影響されるんだ

気持ちで声のトーンが変わる

新婚さん

15年後

7 相手にわかってもらいやすい言葉を使う

コミュニケーションの世界に「チューニング（同調作用）」という言葉があります。会話の際、同じようなスピードで話し、キーワードを反復したり、同じような姿勢をするコミュニケーション技法です。

言葉づかいひとつとっても、言葉運びがもたもたしていると、知性が感じられなかったり、それだけで話し手は不快感を抱き、「この人は大丈夫だろうか？」と思ってしまいます。

相手を不快にさせず、わかってもらいやすい言葉づかいを意識したいですね。

優秀なプロのインタビュアーは、同調的コミュニケーションの達人だよ

信頼をなくしてしまう言葉づかい

若者言葉

「っていうか」
「私(わたし)的には」
「みたいな」

年長者に違和感を抱かせる

相手の話をまとめる言葉

「ですから」
「要するに」
「早い話が」

相手は仕切られたような気持ちになる

非単語の多発

「あの～」
「えー」
「えーと」

相手にイライラした気持ちを抱かせる

相手に信頼される言葉づかい3つのポイント

1　1つひとつのセンテンスは短めに
2　「、(読点)」「。(句点)」で間をおく
3　どうしても間をおけない場合は、「つまり」「したがって」などの接続詞を使う

8 話し手が話したい内容に沿った質問をする

質問をするときに、次から次へと自分の聴きたいことを尋ねたり、途中で相手の話をとってしまう人がいますが、話し手が話したいと思っている内容に耳を傾けて、その内容に沿って質問することが大切です。例をあげましょう。

聴き手本位な聴き方

×

Aさん　「ナイアガラの滝に行ってきたよ」
Bさん　「あ、オレも行ったよ。イグアスの滝にも行ったことがあるけど、日本の滝とはスケールが違うね」

POINT

- 話し手のAさんは話の主導権を奪われた気持ちになる
- Aさんが話したかったナイアガラの滝の話に発展させることもできなくなっている
- Bさんの対応は、相手の話にかぶせて、話題を自分の関心のほうにリードしたことになる

話し手に寄り添った聴き方

Aさん「ナイアガラの滝に行ってきたよ」

Bさん「そうなんだ！ オレも行ったことがあるよ。いつ行ったの？」

Aさん「10月末だよ」

Bさん「あー。いい時期だね。イグアスの滝なら10月に行ったけど、ナイアガラの滝はどんな印象だった？」

POINT

・話し手自身が話したい内容に沿って質問をしている
・話し手のAさんは満足する

こんな展開になれば、話がお互いに盛り上がります。

1 ナイアガラの滝の話で盛り上がり、自分も行ったことをさりげなく話す

2 途中からイグアスの滝の話も織り込む

3 外国の滝と日本の滝の違いをお互いに話し合う

相手の話したい内容に沿って（共感的に）聴くことを意識したいですね。

9 オープン・クエスチョンとクローズド・クエスチョンを使い分ける

聴く力には、質問力が問われます。質問にはどんな種類があるのか、ここで解説しておきましょう。

質問は大きくオープン・クエスチョンとクローズド・クエスチョンに分けられます。

オープン・クエスチョンというのは、質問された相手が「はい（イエス）」「いいえ（ノー）」で答えられない質問です。たとえば5W1HのWhen（いつ）とHow（どんな）などを使って質問します。

クローズド・クエスチョンというのは、「その映画、観た？」といったように、質問された相手が「はい（イエス）」か「いいえ（ノー）」で答えられる質問のことです。

話をオープンにしていく（開いていく）質問がオープン・クエスチョン。話を閉じていく（絞っていく）質問がクローズド・クエスチョンだと覚えておくといいよ

オープン・クエスチョン
「はい」「いいえ」では答えられない質問

最近、
業界はどうですか？
ぼちぼちですね。
どこもあまりいい話を
聞きませんね

クローズド・クエスチョン
「はい」「いいえ」で答えられえる質問

御社の業績は
対前年比で
改善されましたか？
はい、おかげさまで
改善できました

10 話の切り出しと確認にはクローズド・クエスチョンを使う

クローズド・クエスチョンは、話の切り出しによく使われます。

「もう夏休みはとりましたか?」、相手が「はい（イエス）」と答えたら、「どこかに出かけましたか?」、相手が「軽井沢に出かけた」と答えたら、そこからはオープン・クエスチョンで話を広げていけます。「サマー・フェスティバルで盛り上がりましたよ」と言われたら、「えっ、サマー・フェスティバルですか?」と確認してから、その話題を深めていきます。

クローズド・クエスチョンを立て続けにすると、次のように尋問調になってしまうので、注意しましょう。

上司　「あの仕事は終わった?」
部下　「あ、まだです」
上司　「やる気はあるの、キミは?」
部下　「ありますよ」
上司　「キミには向いてないんじゃないの?　その仕事」

クローズド・クエスチョンが有効な3つのシーン

1 話の切り出しに使う

明日の会議は
10時からだよね？
はい
前回の宿題を
覚えてる？
はい。これが…

2 内容の確認に適している

以上、質問あ
りますか？
ありません

3 連続しすぎて尋問調にならないよう注意する

やったんだな
やったんだろ
やってないは
ずがないよな
いいえ

11 「なぜ？」と質問しない

Ｗｈｙ（なぜ）は、使い方によって、相手の人格を傷つけることにもつながるので要注意です。とくに失敗や、相手の性格について否定的に「なぜ」を使うと相手の気分を害してしまいます。

一方、「なぜ」には、プラスの側面もあります。

たとえば、現象や出来事に関して、「なぜ、○○商品の売上が減っているのだろう？」と問いかけることで、本質を探ることができます。また、成功した人に相手の実績やプラス面に関して「なぜ」を問いかけると、貴重な情報が得られます。私は、これらの「なぜ」を「問いかけのなぜ」と呼んでいます。

「なぜ」を使うならば、まずは「問いかけのなぜ」を、どうしてもマイナス面に触れざるをえないときは、Ｈｏｗ（どうすれば）に代えましょう。すると解決策に目が向き、人格攻撃につながらなくなります。

「問いかけのなぜ」を使うときは、穏やかな口調を心がけよう

決めつけの「なぜ？」を使わない

決めつけのなぜ →「どうすれば」に変える

× なぜそんなつまらない失敗をしたんだ！
○ どうしたら失敗は防げると思う？
なぜって…失敗したくてしたわけじゃない…

× なぜキミはそんなに根性なしの人間なんだ
○ どうしたらもっと積極的になれると思う?
なぜって…母さんに聞いてくれ

問いかけのなぜ

なぜ、○○商品の売上が減っているのだろう？
そうですネ ライバル D の新商品に一時的に…

○○様はなぜ今日のように会社を軌道に乗せられたのでしょうか？
それはなぁ…

12 相手のマイナス言葉をプラス言葉にして返す

「語尾返し法」といわれる繰り返し（確認）のカウンセリングメソッドがあります。「○○でつらかった」と言うと、「つらかったのですね」と返し、「とっても楽しい思い出になった」に対して「楽しい思い出になったんですね」と返す言い方です。

この方法は、相手の感情を拾って返すので、話し手に「自分の気持ちをわかってもらえた」と思ってもらえます。

ところが、マイナスの感情をそのまま聴き手が返すと、話し手が余計に落ち込んでしまうことがあります。マイナスの言葉を返したら、次はプラスの感情を拾うような返し方がおすすめです。

相手のポジティブフレーズを繰り返す

最近、毎日しんどいな。精いっぱいやってなんとか注文取ってくるんだ
しんどくても精いっぱいやってるんだね
自分なりに工夫もしてるんだよ
努力だけでなく工夫もしてるんだね

△

あなた「当時、失敗がひどくこたえたのですね」

・マイナス感情だけを拾った言い方
・相手の感情に共感したことは伝わる
・マイナスの部分だけを拾うような印象が残ってしまう

△

あなた「今は立ち直っているけれども、当時は失敗がひどくこたえたのですね」

・言葉の最後をマイナスで返す言い方
・前半でプラスのことに触れても、相手には「失敗がこたえた」というマイナス面を強調された印象が残ってしまう

○

「当時、失敗がひどくこたえたけれども、今は元気に立ち直っているのですね」

・言葉の最後をプラスで返す言い方
・マイナスの行動があっても、克服したことをくみ取ってくれたというプラスの印象が残る

ここでは、マイナスの表現をプラスの表現に置き換えた例を紹介します。

短所	言い換えると
生意気 泣き虫	自立心がある 感受性豊か
乱暴	たくましい
向こうみず 無口	行動的 聴き上手
浮き沈みが激しい うるさい	感性豊か 明るい・活発・元気
のんびりしている	マイペース
怒りっぽい おしゃべりな おっとりとした おとなしい おもしろみがない	情熱的 人との会話を楽しめる まわりをなごませる 穏やか 真面目
口が悪い 口が軽い 口下手な 暗い	はっきりしている 気持ちをすらすら言葉で伝えられる 言葉を選ぶのに慎重 自分の心の世界を大切にしている
まわりを気にする 負けず嫌い	心配りができる 向上心がある
ふざける プライドが高い	まわりを楽しませる 自分に自信がある

プラス表現への言い換え言葉表

短所	言い換えると
いいかげん 意見が言えない	おおらかな 協調性がある
いばる 八方美人 反抗的	自信がある 人づき合いが上手 自立心がある
ぼうっとしている	細かいことにこだわらない
調子に乗りやすい	ノリがいい
ルーズ	細かいことにこだわらない
わがまま	持論がある
かたくるしい カッとしやすい 変わっている 頑固	律儀 感受性豊か・情熱的 個性的 意志が強い
よく考えない	行動派・直感派
だまされやすい だらしない 短気	素直・純粋 おおらか 感受性豊か・情熱的
外面がいい	社交的
つめたい	冷静・客観的

短所	言い換えると
人づき合いが下手	ひとりの世界をもっている
せっかち 責任感がない	反応がすばやい 無邪気・自由
図々しい	行動力がある

プラスの表現に転換するクセをつけると、あなた自身の思考も相手との関係も変わっていくよ

短所	言い換えると
強引 断れない	みんなを引っ張る力がある 優しい
でしゃばり	世話好き
甘える あきっぽい あきらめが悪い あわてんぼう	人にかわいがられる 好奇心旺盛 ねばり強い 行動的
騒がしい	明るい・活発・元気
気が強い 気が弱い 気性が激しい きつい 厳しい	すべてに積極的 自分よりまわりを大切にする 感受性豊か・情熱的 はっきりしている 妥協せず目標を追い求める
優柔不断	じっくり考える
命令しがち 目立たない 目立ちたがり屋	リーダーシップがある 和を大切にできる 自己表現が活発
しつこい 自慢する 地味 消極的	ねばり強い 自己主張できる 素朴・ひかえめ まわりを大切にする

相手の話の背後を聴きとろう

「会社を辞めたいんだ」
職場の友人がこんなふうに言ってきました。これまでにもその友人から、先輩との人間関係で悩んでいるような気配をうすうす感じていました。こんなとき、あなたはどんな言葉を投げかけるべきでしょうか。

×

「いったい辞めてどうする気？」
「人事に相談してみることだね」

「そんな相談がしたいんじゃない」「そんなことは言われなくてもわかっている」と相手に思わせてしまう

○

「例の先輩のことでしんどく感じているんじゃないの？」

・話の背後にあるものを聴きとる
・相手は自分の気持ちをわかってくれたと感じる
・「そうなんだ。それを相談したいと思って」と話が進む話の背後には、ある種の感情や意図が隠されています。
「会社を辞めたい」という裏には、対人関係の圧迫感やしんどさが潜んでいるかもしれません。

「会社を辞めたいんだ」と言われたら、下のような相手の内なる声を問いかけてみましょう。

相手の内なる声を聴こう

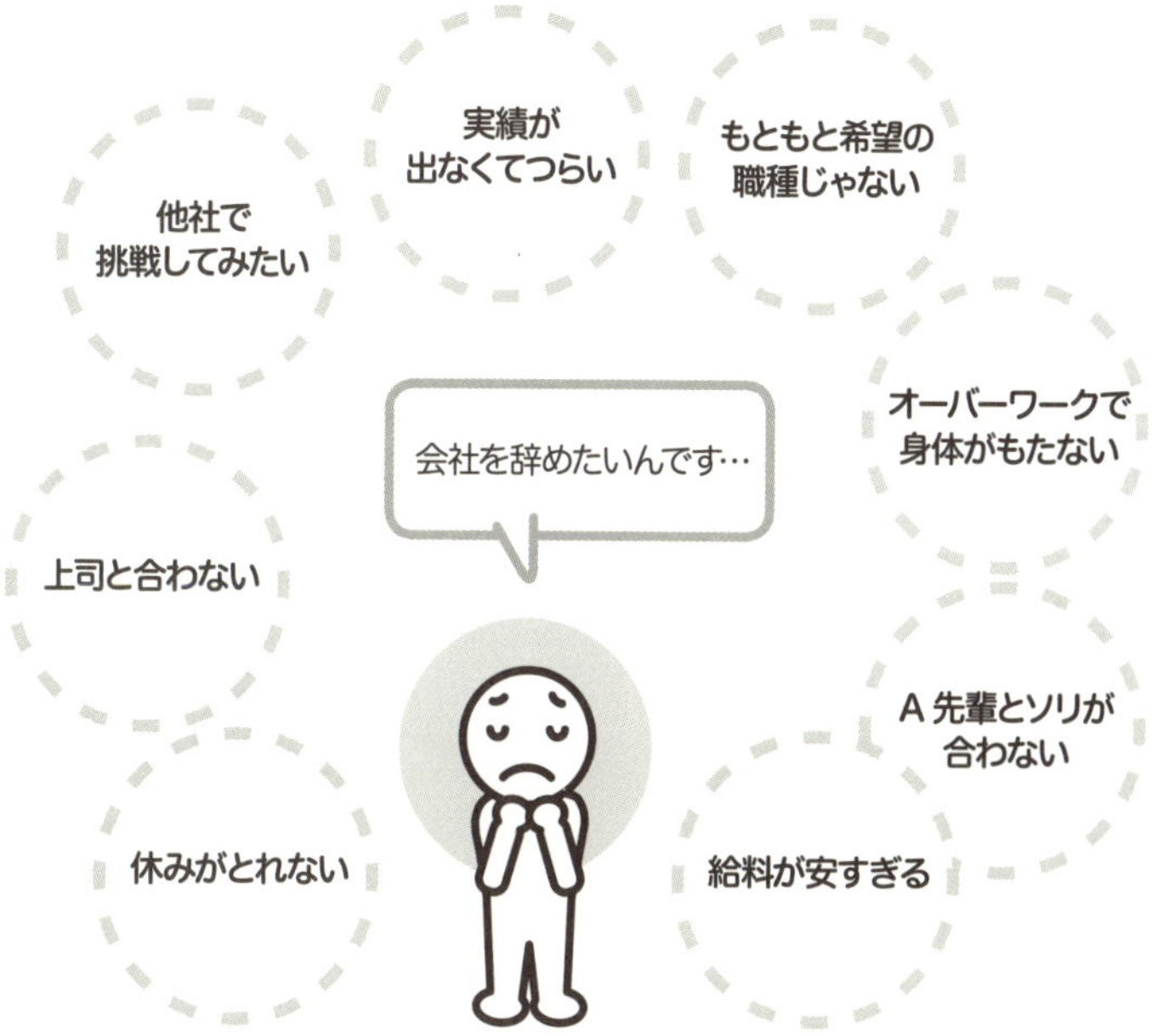
他社で
挑戦してみたい
実績が
出なくてつらい
もともと希望の
職種じゃない
会社を辞めたいんです…
オーバーワークで
身体がもたない
上司と合わない
A 先輩とソリが
合わない
休みがとれない
給料が安すぎる

共感のしすぎには要注意

聴き上手の人は、相手の話に共感すること、相手に自分をオープンにしてもらうこと（自己開示）に長けています。

この「共感」と「自己開示」ですが、バランスによって、相手との関係性が変わってきます。

1 共感＞自己開示

聴き手は強く共感しているが、話し手の自己開示が少ない状態

・相手は詮索されている気分になる
・相手があまり語りたがらない話題には、共感を控えめにする

2 共感＜自己開示

聴き手の共感より、話し手の自己開示が多い状態

・この場合、ほどほどのところで話題を変える、相手の話をまとめるといった適度なコントロールが必要

3　共感＝自己開示

聴き手の共感と相手の自己開示が同じくらいの状態

- 聴き手も共感し、話し手も気持ちよく自己開示ができている場面で起こる
- ラポール（信頼関係）が築けている証拠

共感と自己開示のバランスを大切にしよう

共感>自己開示

佐藤さん、落語研究会だったんですってねー！意外です！お好きなんですか？
自分でもやるんですか？誰が好きですか？
ま、まぁ昔ね…

相手が自己開示していないのに押し続けるのは×

共感＝自己開示

佐藤さん、学生時代に落研にいたと聞いたのですが、現在はいかがですか?
そうなんだよ
学生時代の話で今は自分じゃやらないなぁ。寄席には時々行くよ

3つの方法で
沈黙に落ち着いて対処する

会話の中で突然、沈黙が訪れることがあります。カウンセリングではよくみられる光景です。そんなときには3つの対処法をおすすめします。

沈黙が訪れたときの3つの聴き方

1　黙って待つ

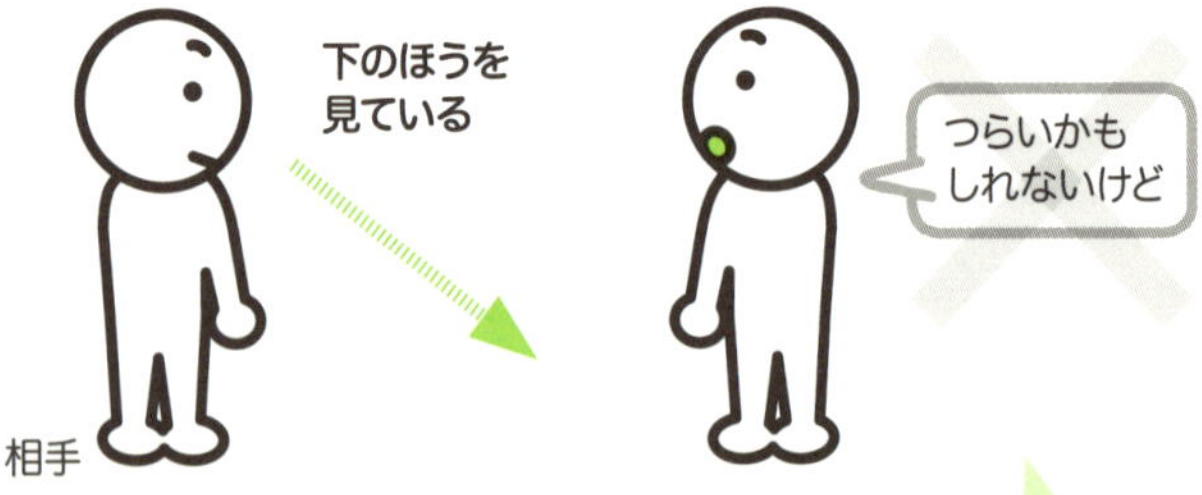
下のほうを
見ている
つらいかも
しれないけど
相手

・相手が視線を落として 1 点を見つめているようなときは、何かを考えていることが多い
・話をはさむより、沈黙を大事にする

2 今までの話を反復する

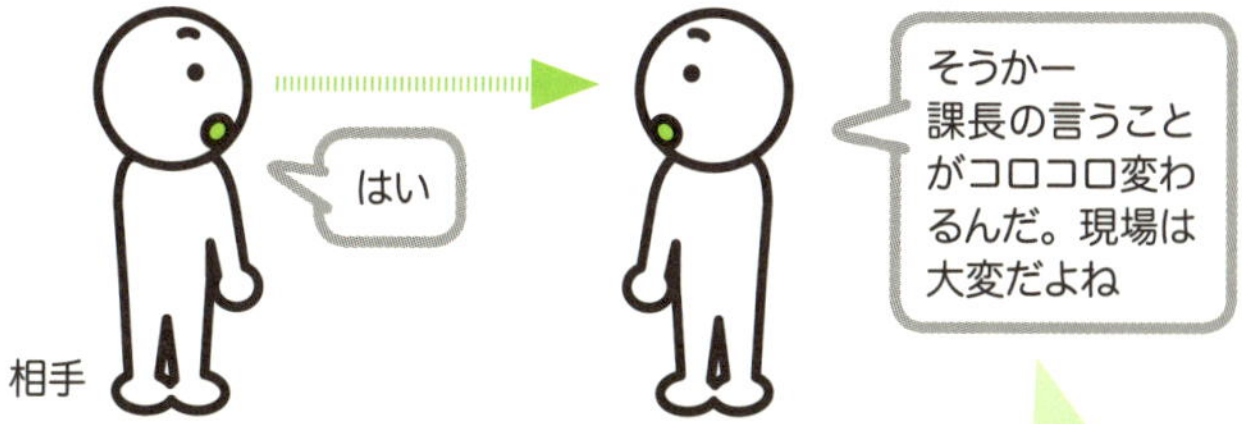
はい
そうかー課長の言うことがコロコロ変わるんだ。現場は大変だよね
相手

・聴き手側が話を反復することで、話し手が自分の話を整理できる
・会話が先へと進むきっかけにもなる

3 相手に気づいたことを話してもらう

そうですねー
今までのところで田中くんなりに気づいたことはどんなことかな？
相手

・人は聴いた話よりも語ったことを記憶するため、話し手は自らの「気づき」をもとに行動しやすくなる
・とくに新たな行動や対処が必要なときに有効

相手の沈黙を恐れる必要はありません。３つの対処法を意識すれば、話が弾み、次の行動へのきっかけづくりにもなります。

COLUMN

記憶よりも記録に頼ろう

「エビングハウスの忘却曲線」という有名な実験があります。それによると、人はいったん記憶した内容を20分以内に42%、2日後には66%、6日後には75%忘れてしまうというのです。

たとえば、上司から指示を受けて、いったん覚えたつもりの内容も、20分経過すると半分近く忘れてしまうのです。これは指示を出した上司の側にも言えることです。このような事実を知ると、記憶がいかにいい加減か、そして「記憶よりも記録」に頼るべきかがわかりますね。

聴き上手を徹底させていくには、ぜひ記録をとるクセをつけましょう。
「たしかこうだったはずです」とあいまいなやりとりをするよりも、「こうです」と記録したことを見せられるほうがずっと説得力があります。

PART

4

「この人でなければ！」と思わせる聴き方の応用

部下指導やマネジメント、交渉ごとやカウンセリングなど…高いレベルで人の話を聴くことができると、相手から「この人でなければ！」と思われるようになります。本章では、相手からより信頼される聴き方について解説します。

聴き上手は相手のよい面に目を向ける

●否定的なコメントは相手の勇気をくじく

あなたは、次のような対応をされたことがありませんか？

- ☑ **過去の失敗をいつまでも笑いものにされた**
- ☑ **プライベートの話を公開されてしまった**
- ☑ **これからチャレンジしようとすることを「できるはずがない」と決めつけられた**

このような対応をされると、勇気をくじかれ、とても不快になりますね。自分の行為だけでなく、人格をも否定された気分になります。そういう思いを知っていながら、あなた自身もまた、同じことをしてしまった経験があるかもしれません。

人は、他人のダメな点とよい点を量りにかけると、10人中9人はダメな点を多く数える傾向があります。それは、私たちが子ども時代から欠点をあげることに慣れているからです。

「ここがダメ」「またこんなことをしてダメじゃない」と、親や教師からダメ出し教育を受けて育つと、大人になったときに、自分もまたダメ出しで人に接してしまう傾向があります。

アドラー心理学では、ダメ出しに代わるヨイ出しを中心とした勇気づけを提唱しています。ヨイ出しを徹底すると、次の3つの副産物が得られます。

1 相手との関係がよくなる

2 相手に困難を克服する活力を与えられる

3 勇気づけている自分も元気になる

聴き上手で信頼される人は、自然とヨイ出しができています。聴くときの態度、言葉、会話の運び方…あらゆる面でこのヨイ出しは活きてきます。さまざまなケースに触れながら、本章で詳しく解説していきましょう。

1 相手の「関心」を理解する

あなたの友人であるAさんとBさんが言い争いをしました。あなたがAさん、Bさんそれぞれに二人の言い分を聞いてみると、お互いに「自分が正しくて相手が間違っている」と思っており、見解が違っています。このように、**人はそれぞれの主観で物事を判断しています**。

たとえば夫婦に新婚旅行の思い出を語ってもらうと、夫は食べたものや移動手段に関心を持ち、妻は景色や建物を主として記憶しているということがあります。人は、見たいものを見て、覚えていたいものを覚えている傾向があるのです。

話を聴く際には、相手がどんなことに関心を持ち、どのように物語を作り上げているかを把握しましょう。

そうすれば相手を理解でき、相手に合わせて寛容に接することができるようになります。

とくに、相手と意見の違いが生じたり、けんかになりそうになったときには、「相手の関心」「相手の物語」に目を向けるよう心がけよう

相手が何に関心を抱いているかに目を向けよう

実績重視で融通を
利かせてほしい人

こっちのお客さんは上
得意なんだから！
最前列の席を準備する
ことになってたのに、
2階席だなんて、信じ
られない！

ルール重視の人

2カ月前に申請しても
らわないとムリなもの
はムリだし。そんな勝
手なことばかり営業が
主張するから、業務が
煩雑になるんだよ

どちらが正しくて、
どちらが間違っている
という問題ではないんだ

第三者の
立場で見ると
よくわかる

2 アメとムチの対応をしない

部下やチームをもつ立場の人が、アメとムチの対応をすると、人がついてこなくなります。

私たちは、子どものころから家庭や学校でこのような対応をされてきている分、つい自分も身近な人にアメとムチを使ってしまいがちです。すると、このような対応をされた側は、相手の顔色をうかがったり、ご機嫌をとったりするようになります。

これではいつまでたっても信頼感に支えられた人間関係は築けません。聴くときにアメとムチの反応になっていないか、注意しましょう。

アメの対応

- 結果を出したときだけ評価する
- 「えらい」「すごい」「さすが」という言葉を多発する
- おだてる
- 食事をごちそうするなど、ごほうびを与える

ムチの対応

- 結果が出ないと豹変する
- 厳しい叱責をする
- 罰を与える

最初のころは、アメを出されると相手はうれしくなり、「次も頑張ろう」という気持ちになるが、ムチの面も見ると、だんだん疑問が湧いてくるようになる

アメとムチに頼っていると…

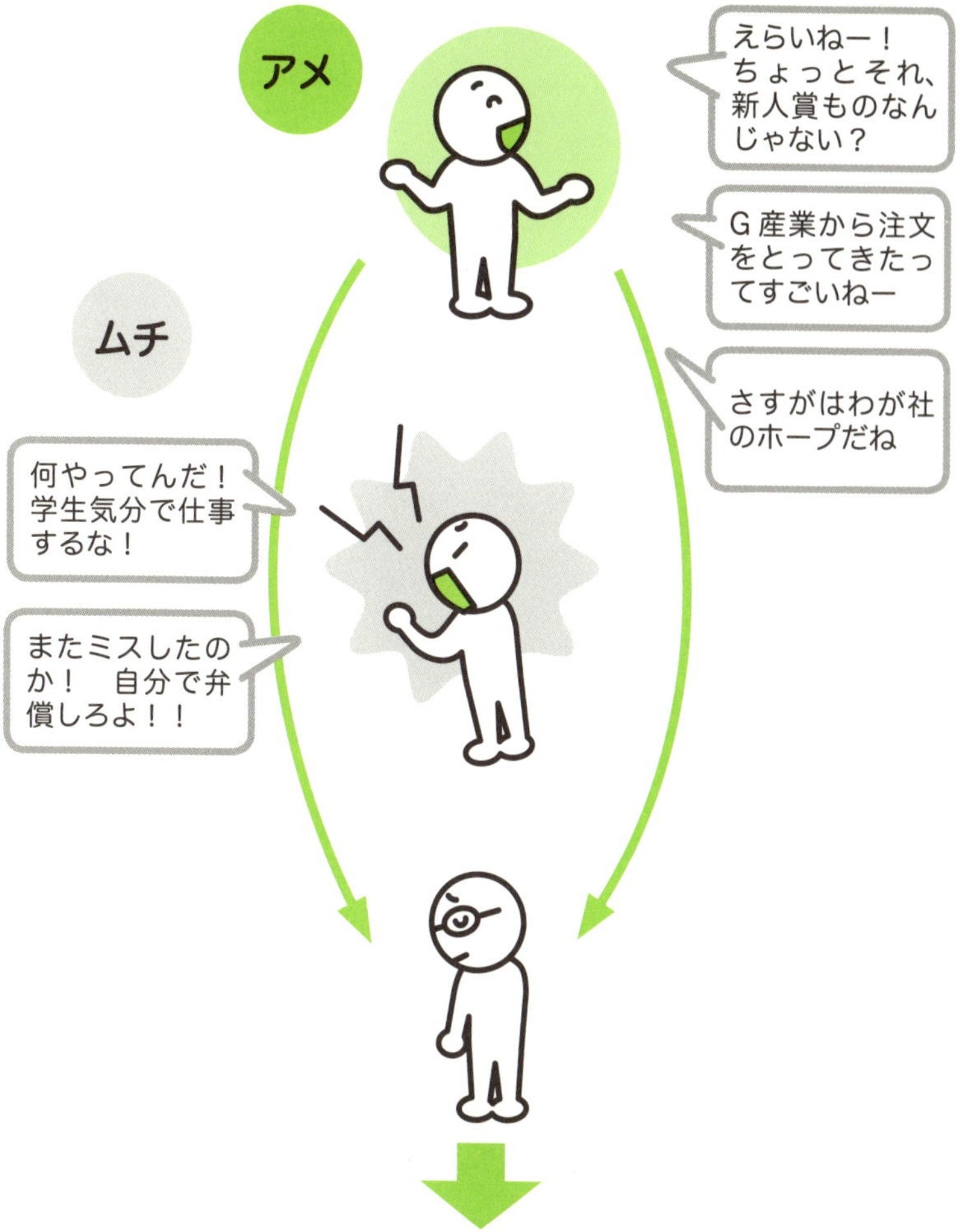
アメ
えらいねー！ ちょっとそれ、新人賞ものなんじゃない？
G 産業から注文をとってきたってすごいねー
さすがはわが社のホープだね
ムチ
何やってんだ！ 学生気分で仕事するな！
またミスしたのか！　自分で弁償しろよ！！

信頼感に支えられた関係は築けない

ネガティブな報告を受けたとき

●悪い報告を隠さず伝えること＝勇気のあること

ネガティブな事柄を隠したことで、結果的に大きな事件に発展することがよく見受けられます。初代内閣安全保障室長を務めた佐々淳行氏の『危機管理最前線』（文春文庫）には、ネガティブな情報こそ素早く正確に報告すべきと提唱し、3つの名言を紹介しています。

1 「悪い報告をした部下を誉めよ、悪い報告をしなかった部下を罰せよ」（『アッティラ王が教える究極のリーダーシップ』ウェス・ロバーツ著）

2 「よい報告は翌朝でよい、だが悪い報告は即刻我を起こせ」（ナポレオンの言葉『セント＝ヘレナ覚書』ラス・カーズ伯爵著）

3 「私が聞きたくもないと思うような嫌な本当の話を報告せ

よ」（後藤田正晴の言葉『わが上司　後藤田正晴』佐々淳行著）

ネガティブな報告を隠したい最大の心理は、自分の身を守ること（保身）です。「上司から叱られるのではないか」「処分にまで発展するのではないか」「相手に嫌な思いをさせてしまうのではないか」…といった気持ちから報告を怠ったり、また、たとえ報告したとしても肝心なところを隠したりしがちです。

しかし、ネガティブな事項こそ、言い訳せずに早めに報告する。それが、長期的に信頼を維持することにつながります。

あなたが相手からネガティブな報告を受けたときには、相手を責めたり叱責するのではなく、素直に伝えてくれたことを肯定し、冷静に対処したいものです。

3 勇気づけのスタンスで接する

プロローグでも解説したように、アドラー心理学では、ほめることよりも勇気づけを意識することが大切であると説いています。

これは聴き手として相手に対峙する際にもいえることです。人の話を聴くことが仕事である人、大切な人や家族がいる人は、ぜひ心がけたいスタンスです。

ほめることと勇気づけることとの違いを対比すると、下記の点があげられます。

大きく分けると、ほめることは上から目線のタテの関係で、勇気づけることは対等なヨコの関係ということです。

勇気づけられると…

1 自分で自分を勇気づけられるようになる

2 賞賛があるなしに関わらず、自発的にその行動を続ける

3 勇気づけられて育った人は、自分が貢献することが原動力になる

ほめられると…

1 いつまでもほめられることを期待して行動する

2 ほめられなくなると、その行動をしなくなる

3 ほめられるのに慣れた人は、他人からの賞賛や注目がやる気につながる

ほめる言い方・勇気づける言い方

ほめる

斉藤さん、ホント今日の成績はさすが‼ すごいよね！ 社長賞ものだよね
えー、それほどでも…

- えらい
- すごい
- さすが

勇気づける

斉藤さんの的確な判断に助けられているよ。日々がんばってるね
ありがとう
がんばるよ！

- 助かった
- ありがとう
- よくがんばってるね

相手の行動を具体的に勇気づける

前ページで、ほめることと勇気づけることの違いを解説しましたが、違いはもうひとつあります。ほめることが「人そのもの」（人格）を評価するのに対して、勇気づけることは、「人の行動」を具体的に認めることにあります。具体例を紹介します。

○ **「懇親会の場所を決めて案内してくれてありがとう。地図も添えてあったので、すぐわかったよ。助かった」**

相手の貢献を認める

○ **「わざわざ僕の誕生祝いのプレゼントを用意してくれたんだ。最高の誕生日になったよ。ありがとう」**

感謝を表明する

○ **「TOEICで700点を超えたんだって。よくここまで努力してきたよね」**

努力を認める

POINT

- 「えらい」「すごい」「さすが」という言葉を発すると、言われた側はからかわれたと感じることも
- 勇気づけの表現なら、何がよかったのかが具体的に伝わる分、相手も素直に受け入れられる

勇気づけるときに注目する3つのポイント

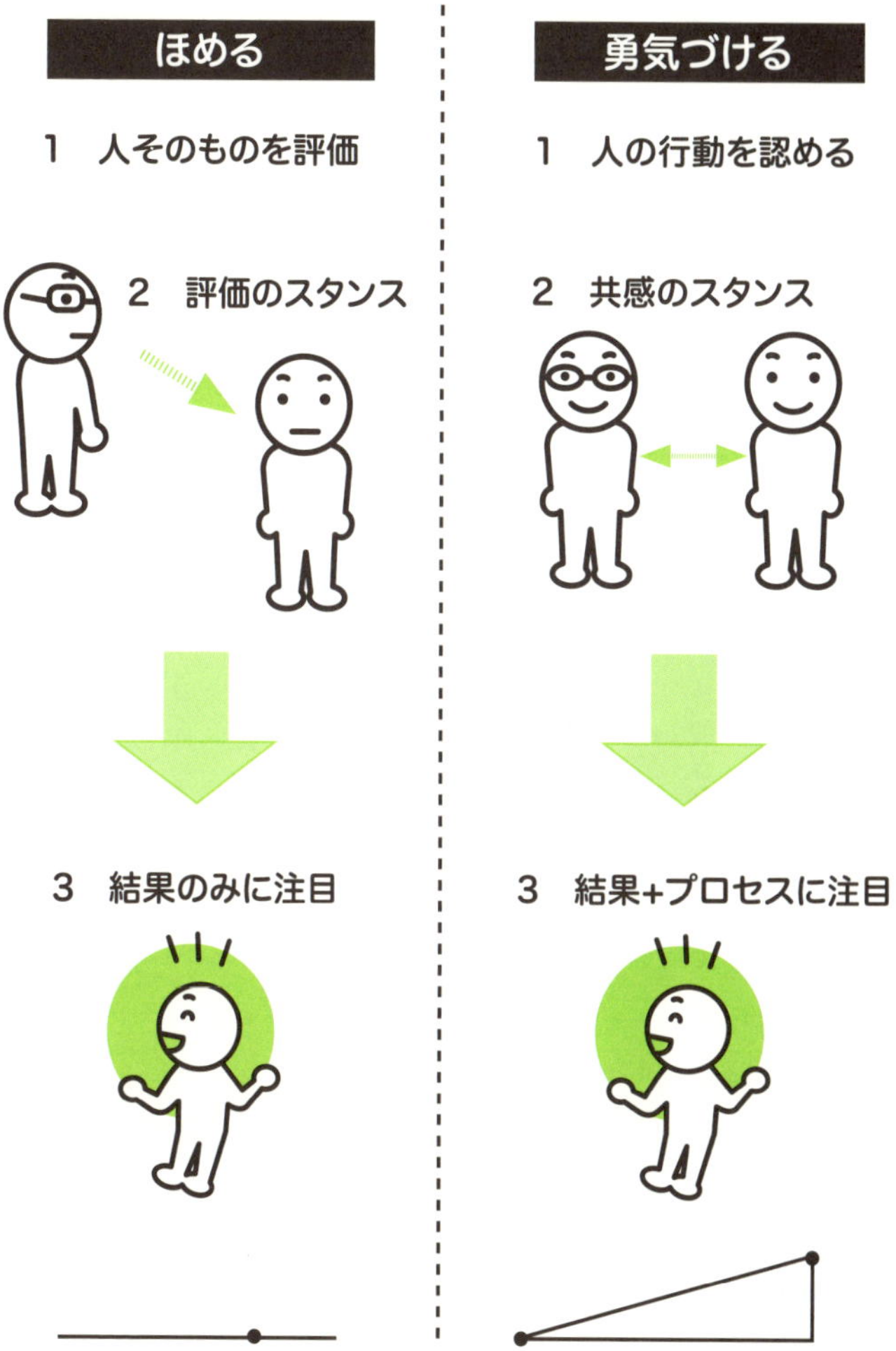
ほめる
1　人そのものを評価
2　評価のスタンス
3　結果のみに注目
勇気づける
1　人の行動を認める
2　共感のスタンス
3　結果+プロセスに注目

自分自身を勇気づけることも忘れずに

自分自身を勇気づける3つのポイント

「勇気」は「困難を克服する活力」です。「困難を克服する活力」は、他者に向けられることもありますが、その前に自分自身に注入しなければなりません。ガス欠状態の人が、まわりに活力を与えられるはずがないからです。

そこで、自分自身を勇気づけるには、次の3つの方法をおすすめします。

1　毎日をプラスの日々に塗る

2　勇気づける人としっかりとつき合う

3　言葉とイメージと行動をプラスで満たす

「毎日をプラスの日々に塗る」は、1日のはじまりとおわりをプラスの気持ちで満たすことです。

「勇気づける人としっかりつき合う」というのは、あなた自身が一緒にいて活力が湧いてくる人たちと手をつなぐということです。また勇気をくじく人とは、適切な心理的距離をおいてつき合い、巻き込まれないようにすることです。

「言葉とイメージと行動をプラスで満たす」というのは、言葉・イメージ・行動を、マイナスの要因によって侵略されることなく、プラスの言葉づかいをし、プラスのイメージを使い、行動も積極的であるようにコントロールすることです。

ぜひ、心がけてみてください。毎日が変わりますよ。

まずは自分自身を満たすことからはじめよう

4 イエス・バット法よりもサンドイッチ法でコメントする

たとえば、部下や後輩が上司に出す企画書の件であなたに意見を求めてきました。出来栄えはなかなかです。そのときの返答として、好ましい例・そうでない例を見てみましょう。

×

「いいところをついているね。よくできているじゃないか。でもね、その根拠となるところがイマイチだな」

POINT

・「いいところをついているね。よくできているじゃないか」という部分が「でもね」以下、「その根拠となるところがイマイチだな」で打ち消されてしまう

○

「いいところをついているね。着眼点がいいよ。ところで、3つの根拠のうち2番めがやや裏づけが弱い印象があるんだ。この点を補強すると、説得力のある企画書になるんじゃないかな。キミのここ3カ月を見ていると、ずいぶん成長したようだし、次も楽しみだな」

×の例のように最初にプラスの部分を言った後に、マイナスのことを添える返し方より、プラス→マイナス→プラスで伝える○の例の「サンドイッチ法」がおすすめだよ

POINT

・「2番めがやや裏づけが弱い印象がある」と改善点を具体的に言われ、着眼点のよさと成長ぶりを認められると、やる気が一段と高まる

5 指示内容を漏れなく確認する

「そもそも、仕事の指示はあいまいなもの」

これは有能なビジネス・パーソンの大切な心がまえです。

上司のあいまいな指示に、部下である自分の思い込みが加わると、上司の意図したこととは大きく違った仕事をしてしまうことがあります。

あなたが指示を受けて確認するときも、部下に確認を求められたときにも、左ページの3原則を意識するようにしましょう。

5W1Hとは

What	何を[内容]
When	いつ、いつまでに[時間・納期]
Where	どこに、どこで[場所]
Who	誰が、誰に[関係者]
Why	なぜ[目的・理由]
How	どのように、どのくらい[方法・数量]

指示の聴き方3原則

1　メモをとる

来月から
新しい顧客の
B 社を担当し
てくれ

2　5W1Hをしっかりと

What
When
Where
Who
Why
How

引き継ぎは後藤君から
今週中にしてもらうから
来月初めに出張できるよう
スケジュール調整して

3　指示の漏れ／
あいまいな部分／
目的などの確認を

こういうこと
ですね？
そうそう。
よろしく
頼むよ

6 コメントは意見ことばを使う

相手の話を聴いてコメントを返すとき、どのような言い方をするかで相手の受け取り方はずいぶん変わってきます。事実でないことをまるで事実であるかのように言う言い方を「事実ことば」、意見（推測）を言うときの言い方を「意見ことば」と言います。相手と信頼関係を築くには、「意見ことば」を意識しましょう。お互いにモノの見方・考え方を受け入れやすくなります。

●事実ことば

1 かたい事実ことば

✕

「○○だ」「○○に決まっている」「○○に違いない」

断定的・決めつけられたように感じてしまう

2 やわらかい事実ことば

✕

「○○なのよ」「○○なものよ」「○○だと思うでしょう」

上から目線に感じてしまう

3 皮肉っぽい事実ことば

×

「○○であることも知らないの？」
「どうして○○しないの？」

詰問・否定されたように感じてしまう

意見ことば

1 前置型《まえおきがた》意見ことば

○

「これは私の意見にすぎないんだけど」「私はこう思うんだけど」

「私は」を主語にすることで、押しつけがましくなくなる

2 後置型《あとおきがた》意見ことば

○

「○○と思います」「○○と感じます」
「○○してほしいと思うのです」
「○○してくれるとうれしいのです」

相手にやわらかく伝わる

7 話し手を不快にさせずに話をまとめる

「要するに○○ということなんだ」
「○○ということを言いたかったんじゃないの？」

　こんなふうにまとめられると、気弱な人なら「そうなんです」と話を合わせてしまうでしょうし、きっぱりと意思表示できる人なら、「違います。そんなふうにまとめないでください」と言ってくるでしょう。

　相手の話をしっかり理解しようと思うなら、まとめようとしないほうがいいのです。

　もし相手の話を上手にまとめる必要がある場合は、左の3つのポイントを心がけましょう。とくに3のようにすると、決めつけられたような気分にならないので、話はスムーズに展開します。

相手の話の背後を聴きとって（96ページ参照）加えてまとめると、「じつは、そういうことが言いたかった」と相手が感激してくれるよ

話をまとめるときの3つのポイント

1　話の項目をいちいちまとめず、重要な内容を含んだ部分がくるまで待ってからまとめる

2　「勘違いがあるといけないので、確認なんだけど…」と前置きの言葉を添える

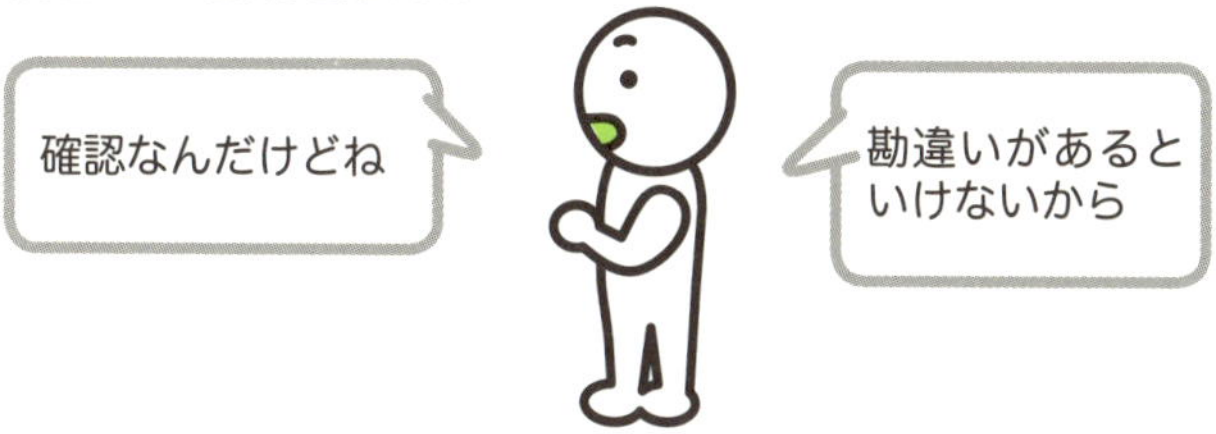
確認なんだけどね
勘違いがあると
いけないから

3　「もしかして○○かな？」
「それは○○という意味に理解していいでしょうか？」と、推量型、あるいは疑問型（クローズド・クエスチョン）で確認する

もしかして…

3つのポイントで話を整理する

3つにまとめると記憶に残りやすい

有能な人は、話のポイントを3つにまとめることが得意です。

あなたが人の話を聴く場合も、自らがプレゼンする場合も、要点を3つにまとめるクセをつけておくと、一目置かれる人になります。「3つ」にまとめて伝えることには、次の3つのメリットがあります。

1 自分でもまとめやすい

2 リズムがついてエネルギーが生じる

3 相手の記憶に残りやすい

一例をあげましょう。

2001年5月27日、小泉純一郎首相（当時）は、両国国技館での大相撲夏場所の表彰式に出席し、歩けないほどの大けがをおして優勝した貴乃花に内閣総理大臣杯を授与しました。

首相は表彰状を読み上げた後、「痛みに耐えてよく頑張った。感動した。おめでとう」と貴乃花を絶賛しました。

このフレーズを気合いを込めて何度も声に出すと、右ページの3つのメリットのうちの1と3を実感できます。

本を置いて、ぜひやってみてください。2つでは物足りないし、4つでは覚えられないことも実感できるでしょう。

話をまとめるときに、いつも「3」を意識していると、自然と習慣化して、「3つ」でまとめやすくなります。

8 依頼・命令・チェックをしない言葉で関係を築く

コメントをする際、大きく「依頼・命令・チェックをする言葉」と「依頼・命令・チェックをしない言葉」に分類できます。

恋人や夫婦の関係、友人との関係で「依頼・命令・チェックをする言葉」が多いと、相手には「上から目線」ととられがちになります。それに対して「依頼・命令・チェックをしない言葉」が多く行き交うと、心と心が通い合い、フラットな関係を築きやすくなります。

「依頼・命令・チェックをする言葉」を控えめにすると、いざという場面で相手への依頼がスムーズにいきます。

依頼・命令・チェックをしない言葉は、対人関係を円滑にする潤滑油です。

上から目線にならない言葉

依頼・命令・チェックをする言葉

✕

- ちょっとコレができるまで待っててもらえない？
- そのネクタイ、ユニークだね
- その貧乏揺すり、気になるんだけど！
- ゴミ捨て当番、あなたじゃない？
- 急ぐから先にこちらのコピーをさせて！
- こんな注文、誰がとってきたの？

依頼・命令・チェックをしない言葉

○

- ちょっとコレには時間がかかりそう…
- そのネクタイが似合うのあなたくらいだよー！
- イライラしていると貧乏揺すりって、出るよね
- ゴミ捨て当番ってすぐ忘れちゃうよね
- コピー、先にとらせてくれてありがとう！
- 受注お疲れさま！

9 話し手を不快にさせずに話をまとめる

やり取りで誤解のもとになるのが、「伝えた」「確認した」にもかかわらず、相手にわかってもらえていないことです。

部下や後輩をもつ人に多いのですが、こちらはわかってもらった「つもり」なのに、相手はちっともわかってくれていないことがあります。

こういった誤解を避けるには、左ページの3つのことを実践することをおすすめします。

3つすべてを行う必要はなく、いずれかひとつでも効果があります。

左ページの「1 話のやりとりを反復してもらう」の例を補足しておくよ

あなた **「これまで話してきてサービスについて大変有益なヒントが得られました。ところで、○○さんご自身は、どんなふうに受けとめられましたか？」**

相手 **「そうですね、サービスというとすぐ価格や条件のことばかり考えていましたが、お客様のご満足が一番大切な要件であることに気づきました」**

POINT

・相手が自分で言葉にすることで、しっかりと記憶に残る

・責任をもって今後に対処してもらえる

間違いなく伝える3つのポイント

1　話のやり取りを反復してもらう

そういうことなんだよね。ここまでの話をまとめてもらえる？
はい、1つめは…2つめは…

2　合意したことをこちらから確認する

ということで、もう一度確認させていただきますね。今後のスケジュールは3月下旬に…
ふむふむ

3　面談後に確認のメールを出す

先ほどはお忙しい中、ありがとうございました。いま一度、本日のお打ち合わせでの合議事項をまとめましたのでご覧ください

10 相手側からの質問の意図をくみ取る

プレゼンテーションや商談の場では、ただこちらがアピールするのではなく、相手側からの質問を吸い上げる場でもあるととらえたほうがうまくいきます。プレゼン上手は、じつは聴き上手です。それにはまず、相手からの質問の意図をくみ取ることが大切です。

相手側からの質問には、次の3つの目的があります。

1 情報の収集・確認
2 意見表明の機会
3 挑発

ここで押さえておきたいポイントは、1から2、3と段階が移るにしたがって、質問者には自分なりの答えがあるということです。

1の「情報の収集・確認」は、あなたの説明に対して「もっと知りたい」「ある部分を確認したい」という純粋な動機による質問です。2になると、「質問があります」と言いながら、実際は自分の意見を言いたくて、ついでに質問を投げかけるようなケースです。とってつけたような質問に答えることをしないで、「ご意見ありがとうございました」と切り上げることができる場合があります。

3の挑発は、反対意見を述べてくるケースです。相手のペースに乗せられることなく、冷静に対応しましょう。

3つの目的をもとに言えることは、すべての質問に誠実に答えることがかならずしもベストであるとは限らないということです。

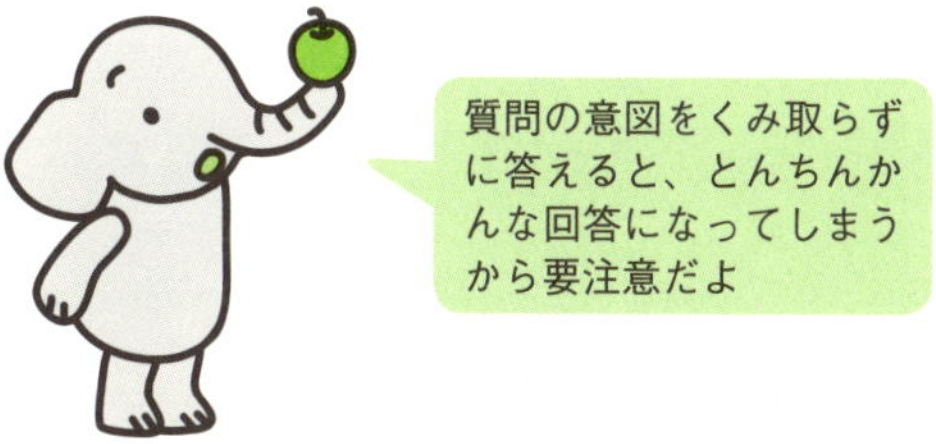
質問の意図をくみ取らずに答えると、とんちんかんな回答になってしまうから要注意だよ

3つの質問への聴き方・答え方

前ページで触れた１情報の収集・確認、２意見表明、３挑発の３つの質問をされたとき、それぞれどのように答えればいいのでしょうか。具体的なセリフをあげて解説します。

1 情報の確認

相手「お話の中に出た○○について、もう少し詳しく教えてください」

「ご質問ありがとうございます。ご質問の○○については、現在、新聞や雑誌でも話題になっています。そのことが載っている雑誌が手元にあるのでお見せします」

相手が確認したがっている情報をしっかり見せて応える

2 意見表明

相手「○○は××というお考えにとても共感しました。じつは私も○○していまして…」

○ **「共感してくださり感激です。貴重なご意見を添えてくださり、とても勇気づけられました」**

・相手が話したいのは後の自分の意見のほう
・とってつけたような質問には、「意見への感謝」を表明して終える

3 挑発

相手「お話ありがとうございました。ただ、この事案について、今回のような提案は即効性が感じられないのですが、その点はいかがでしょう」

○ **「即効性が感じられないというご感想ですね。率直にありがとうございます。ところで○○さんならどうなさいますか？」**

・相手の意見に感謝する
・逆に質問する

11 相手の挑発にこそ聴く力を発揮させる

自分や自社商品をアピールするプレゼンの場が、強く異論を唱える人の言動で台無しになってしまうことがあります。このような場面ではどうしたらいいでしょうか？

プレゼンや提案の場で挑発されたときは、もっとも聴く力が試されるときと言えるかもしれません。挑発に対する効果的な対応は、次の3つです。

1 相手の発言を繰り返して、クール・ダウンさせる
2 相手に質問して、相手の考えを述べてもらう
3 相手の考えに自分の意見を添える

反対意見が出たことに対して、すぐさま自分の意見を述べ

ると、ヒート・アップして、反論に対する再反論が出て、収拾がつかなくなることがあります。

こんな場面では、「○○さんのご発言の主旨は△△ということですね」と冷静に繰り返すことです。そのうえで「○○さんなら、このことをどうお考えになりますか？」と逆に質問して、意見が出たら、「大変参考になりました。ありがとうございました」と感謝し、ほかの人にアイ・コンタクトをして自分の説を述べ、最後に「いかがでしょうか、○○さん」と、その人を見て確認をとるのです。

この方法は、敵になりそうな人を敵にしない高等テクニックです。

次ページで会話例を紹介しましょう。

聴き上手な人は敵をつくらない対応に長けている人が多いよ

異論を唱える人を味方にする切り返し方

異論を唱えられたとき、一瞬ドキッとしてしまうことはありませんか？　ここでは、うろたえることなく落ち着いて対応するために有効な答え方の例を紹介します。

相手「そんな理想論を言われても受け入れられないよ」

○ **「今回の提案は現実離れしているとのご指摘ですね。○○さんなりに現実的な対応としてどんなことをお考えですか?」**

・異論を唱える相手の発言を繰り返し、クールダウンさせる
・相手に質問して考えを述べてもらう

相手「もっと私たちはお客様の声を聴いて相手に合わせないと…」

「助かりました。私の提案に補足してくださったのですね。たしかにお客様の声をもっと聴けば、しっかりとした施策にできますね」

・相手の考えに自分の考えを添える
・相手は共感されたと感じる

「○○さんはいかがでしょう?」

・違う人に話を振ったあと、異論を唱えていた人に話を戻す
・相手は自分が尊重されたと受け取る

12 結論サンドイッチ方式を意識する

ビジネスシーンでは、起承転結よりも結論を先にしたほうが歓迎されます。結論が先の展開は、①結論、②細目（根拠、データ）、③結論です。

左ページの下の例文を見てみましょう。

最初の「○○店の閉鎖を検討すべきです」は結論、「ここ3カ月の売上高が昨年対比3割近く落ちて、赤字続きだからです。駅の反対側にお客様が流れ、店舗の前の歩行者数は、18時から21時までの3時間で半年前に比べて42％も減っています」で細目（根拠、データ）、そして、「この傾向は営業努力でも覆せません」で結論をもう一度反復しています。

私はこの展開を「結論サンドイッチ方式」と呼んでいます。根拠やデータを間にはさむと、より伝わりやすくなります。

マネジメント側として聴く場合も、まわりに意見を提示する立場の場合も、この結論サンドイッチ方式を押さえていると、一目置かれるよ

×

起　○○店の売上低迷についての相談

承　3カ月の売上高が昨対3割減で赤字続き

転　原因を分析したところ、駅裏のSC建設で人の流れが変わった影響が大きい

結　営業努力でも覆せないため、閉店を提案したい

○

結論サンドイッチ方式

結論　○○店の閉鎖を検討するべき

根拠　ここ3カ月の売上高が昨年対比3割近く落ちて、赤字続きのため

データ　駅の反対側にお客様が流れ、店舗前の歩行者数は、18時から21時までの3時間で半年前に比べて42%も減っている

結論　この傾向は営業努力でも覆せない。○○店の閉鎖を提案したい

感謝するときは「すみません」ではなく「ありがとう」

「すみません」はお詫びの言葉

英語の「エクスキューズ・ミー」「アイム・ソーリー」は、お詫びの言葉です。

英語圏に住む人があなたにコーヒーを持ってきてくれたときに、あなたが「アイム・ソーリー」と言ったら「この人は、どうして感謝せずに詫びるの?」と思うことでしょう。

ところが日本では、そんなとき「すみません」という人が多いようです。

「すみません」は詫びる言葉で、自分を相手より一段下におくことになります。これは、「I'm not OK」の言葉で、「You are OK」のニュアンスがありません。

詫びる言葉が「I'm not OK」だとすると、感謝の言葉は「You are OK」を表します。相手を一段上におく心理作用があるばかりか、感謝をしている自分自身をもハッピーにしてくれます。

感謝の気持ちを伝えるときには「すみません」と言わずに、「ありがとう」と言いましょう。

「ありがとう」は、「I'm OK,you are OK」の表明です。

「ありがとう」が相手に届くと、相手の人も「ありがとう」を返してくれます。「ありがとう」は、ブーメランのような作用をもたらすのです。

「ありがとう」を常に口にしていると、周囲の人々にあなたを応援しよう、受け入れようという雰囲気も生まれやすくなるよ

13 怒る相手にあおられずに聴く

日常生活では、さまざまな場面で怒りを感じることがあります。怒りは、多くの感情の中でもっとも対人関係の要素の強い感情で、**怒りの根底には別の感情が潜んでいます。**

心理学では、怒りの底にある寂しさ、心配、落胆などの感情を「一次感情」と呼び、怒りの感情を「二次感情」と呼んでいます（下図参照）。

たとえば、夫がつわりで苦しんでいる妻をよそに、独身時代の仲間と遊びに行ったことを妻に怒られたとします。

たしかに夫に向けられた感情は怒りのようですが、根底には寂しさがあるのかもしれません。

怒りは二次感情

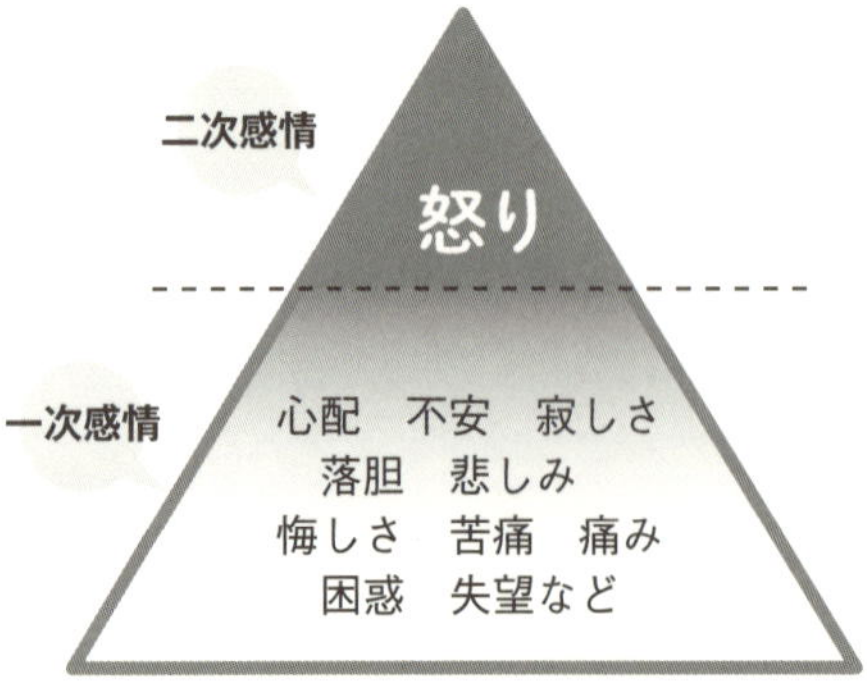

二次感情
怒り
一次感情
心配　不安　寂しさ
落胆　悲しみ
悔しさ　苦痛　痛み
困惑　失望など

- 「怒り」の根底には一次感情が潜んでいる
- その一次感情が満たされないと「怒り」という二次感情を使って対応することがある

相手の怒りの底にある感情を見る

ストレス
もうやって
られない！
キレる
相手の心の底にある感情を見る
期待してくれ
ているんだ
ミスだらけの
資料を出す
な！
君ならできる
はずなのに
底にある感情

・相手から怒りを向けられたとき、心の底にある感情を拾い上げれば、怒りに対して怒りで返すことがなくなる

14 自分の感じた怒りを上手に伝える

友人から言いがかりをつけられて、あなた自身が怒りを感じた場合も、自分の一次感情をよく見てみましょう。

すると、相手のものの見方に落胆していることもあれば、寂しく感じていることもあると気づくことができます。

「そう言われてがっかりしたよ。何だか寂しい気持ちになった」「一方的に言われて、悲しくなっちゃったんだ」と自分の一次感情を優先して素直に伝えるほうが、「頭にきた！」と怒りを伝えてしまうよりも、相手を傷つけずにすみます。

怒りを感じたときには、怒りの底にある別の感情を探して素直に表現する。これが対人関係を台無しにしない、冷静な対応法なんだね

一次感情を探して伝える

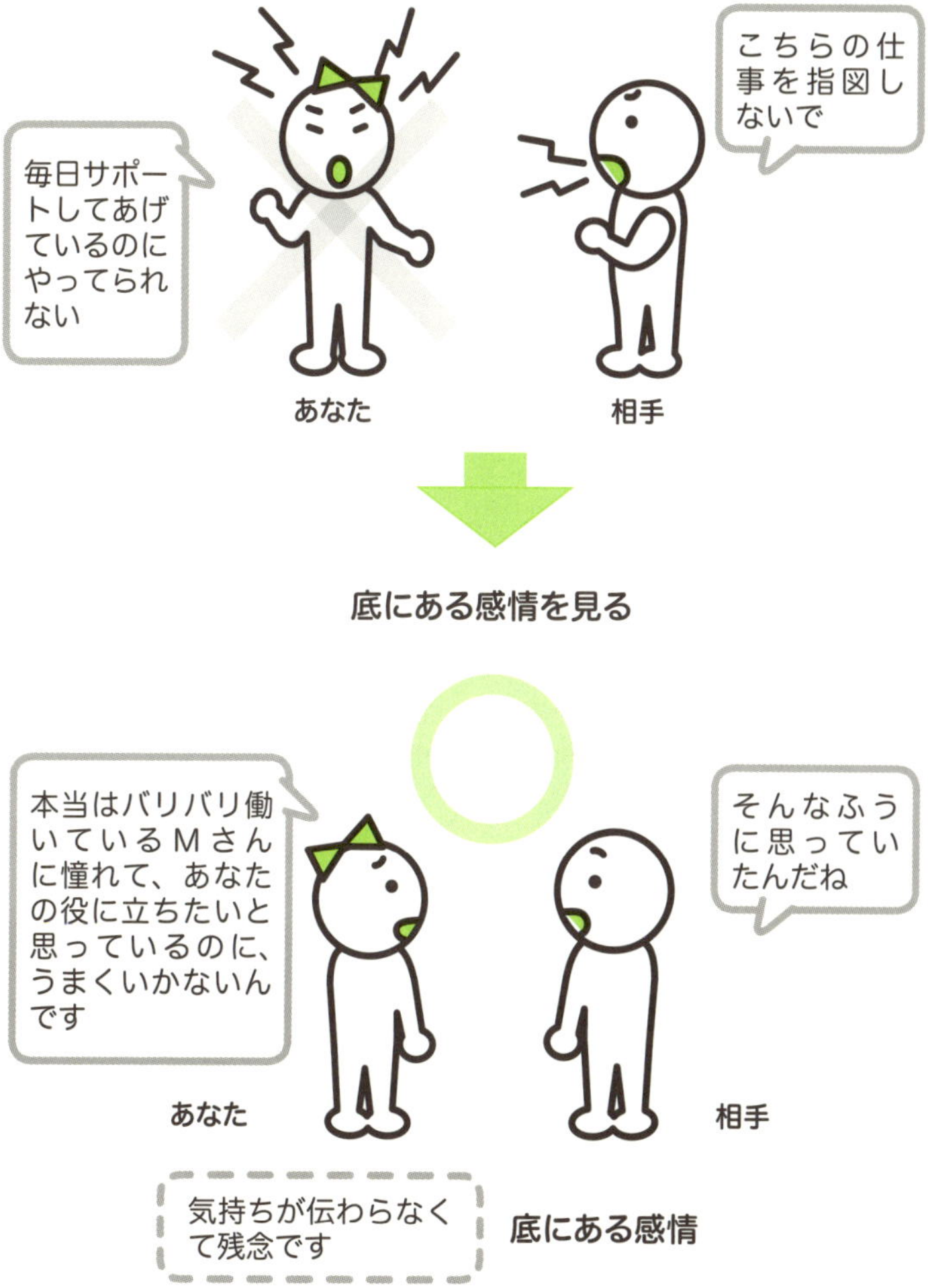

いつも「いい人」でいる必要はない

完全な人間などいない

聴き上手であることは、決して何でも受け入れる人になることではありません。

人との会話、人間関係を築く際に、感情は湧いてくるものです。

たとえば話を聴いていて、「これは許せない」というような場面に出くわしたとき、人からひどい仕打ちを受けたときなど、怒りの感情があらわになることがあります。こんなとき、自責や後悔の念が出ることがありますが、破壊的な結果を招かない限り、自分を許してもいいと思います。

私たちは、いつも「いい人」でいる必要はないのです。そもそも、完全な人間なんて、現実にはどこにもいないのです。時には感情的になってしまうのもいいのではないでしょうか。あとで冷静になってフォローすればいいのです。

時には「いい人」をやめてみよう

COLUMN

相談を受けたら、体験とともに伝えよう

こんな例があります。

入社2年目の社員が、上司の課長に退職の相談をしました。学生時代の就職活動で失敗したコンサルティング関連の会社で働くことを志し、この機会にチャレンジしたいと思っていたのです。

課長は、強く慰留するのでなく、自分が学生時代に弁護士に憧れ、司法試験を何度か受けて叶わず、卒業して3年遅れで入社して現在に至ることを明かしました。同時に「ビジネス人生5年で一流」という言葉で、一流のコンサルタントになりたいならば、5年間は同じ企業で自らを鍛える道もあること、さらに、転職するなら、いきなりジャンプするのではなく、周到にホップ・ステップ・ジャンプの3段階を踏むように助言しました。

相談した社員が課長を以前にも増して信頼するようになったのは、言うまでもありません。

相談を受けて聴き手役になるとき、相手の話を否定したり、一方的に説教するのではなく、自らの体験談を話したほうが、相手の心に響くのです。

PART

5

ケース別会話例 ～仕事編～

「こんなとき、どんな言葉を返せばいい？」と困ってしまうことはありませんか？　本章では、仕事の場面でたくさんの人が遭遇するシーンを、フレーズを紹介しながら解説します。

初対面の相手との挨拶であがってしまう

×

「私は初対面の方と話すのが苦手で…」

いいわけ・弁解からはじまる

○

「ちょっと緊張しています」
「尊敬する人（素敵な人）の前ではあがってしまうんです」

あがっても開き直る

POINT

- あがってもOK
- うまく話そうとしないこと
- あがる自分を否定せずに正直に開き直ると話しやすくなる

雑談をうまく軽やかにしたい

1 声をかけて自己紹介する

「はじめまして」

2 相手の名前に触れる

「珍しい（素敵な）お名前ですね」

3 仕事の話をする

「何をなさっているのですか？」

「名刺に記載されているこれは…」

POINT

・コミュニケーションは、ホップ・ステップ・ジャンプの3段階を意識すると会話がスムーズになる

・突然仕事の話になると、唐突でぶしつけになる

部下の話が要領を得ない

×

「君の話は要領を得なくて困るよ」

どうしてほしいのかを伝えていない

○

「結論はなんだろう?」
「その裏付けはなんだろう?」
「まとめるとこうかな?」

POINT

- まず結論を確認する
- 相手の話が要領を得ない場合は、聴き手が「結論→詳細→まとめ(結論)」のプレゼンの流れに沿った質問をすると◎
- 部下の話し方にはじめから期待せず、指導ありきと心得ておく

ワンポイントアドバイス

話を補強するには図を多用しよう

会話をするとき、とくにビジネスの現場では、言葉だけでやりとりするよりも図を多用したほうが、行き違いを防ぎやすくなります。図にすると、下記の3つの効果があるといわれています。

1　2〜3秒で脳に映像を刻み込むことができる
2　文章や数字より全体を把握できる
3　右脳+左脳で記憶を長期化させることができる

図にする際のグラフにもさまざまな種類がありますが、何のことを示すかによって、適したグラフも変わってきます。

円グラフ…構成比・占拠率などを示す
棒グラフ…比較・順位などを示す
折れ線グラフ…時系列変化を示す

ぜひ会議や打ち合わせ、プレゼン、ヒアリングなどの場面で参考にしてください。

仕事のタスクを漏れなく確認したい

✕

「ええと、これについてはこれで…これについては…」

だらだら話す

○

1 「○○について、確認させていただけますでしょうか」

○

2 「社内に関して1点あり、社外のものに関しては2点あります」

POINT

- 報連相のどれにあたるのかを、はじめにはっきりと伝える
- 問題・事柄を小分けにする
- タスクの確認をするときには「自分が何に協力できるのか」というスタンスで

3

「社内の人事については…ということでよろしいですか？　1点めの社外のプロジェクトメンバーについては…をこちらから今週中に確認する。2点めのS社のプロジェクト委託については…をこちらからお願いするということで問題ないでしょうか？」

組織内と組織外で分ける、社内の他部署と所属部署で分ける、自分の仕事とほかの人の仕事で分ける…といったように、問題・事柄を小分けにしてから確認するクセをつけると、相手も自分自身も混乱しないよ

営業で相手の要望を引き出したい

相手「新しいパソコンを導入したいんだよ」

×

「では何台がいいですか?」

「どんなパソコンがいいですか?」

そのまま相手の言葉どおりに応じる

○

「ということは、どういうことがねらいでしょうか?」

「究極的には、御社は何を目指していらっしゃるのでしょうか?」

POINT

- 「何のため?」を浮き彫りにする
- 相手の「目標」「目的」を明確にする質問を投げかける
- 「相手の本当のニーズは何か?」を意識する

聴き上手は95%の潜在ニーズを浮き彫りにする

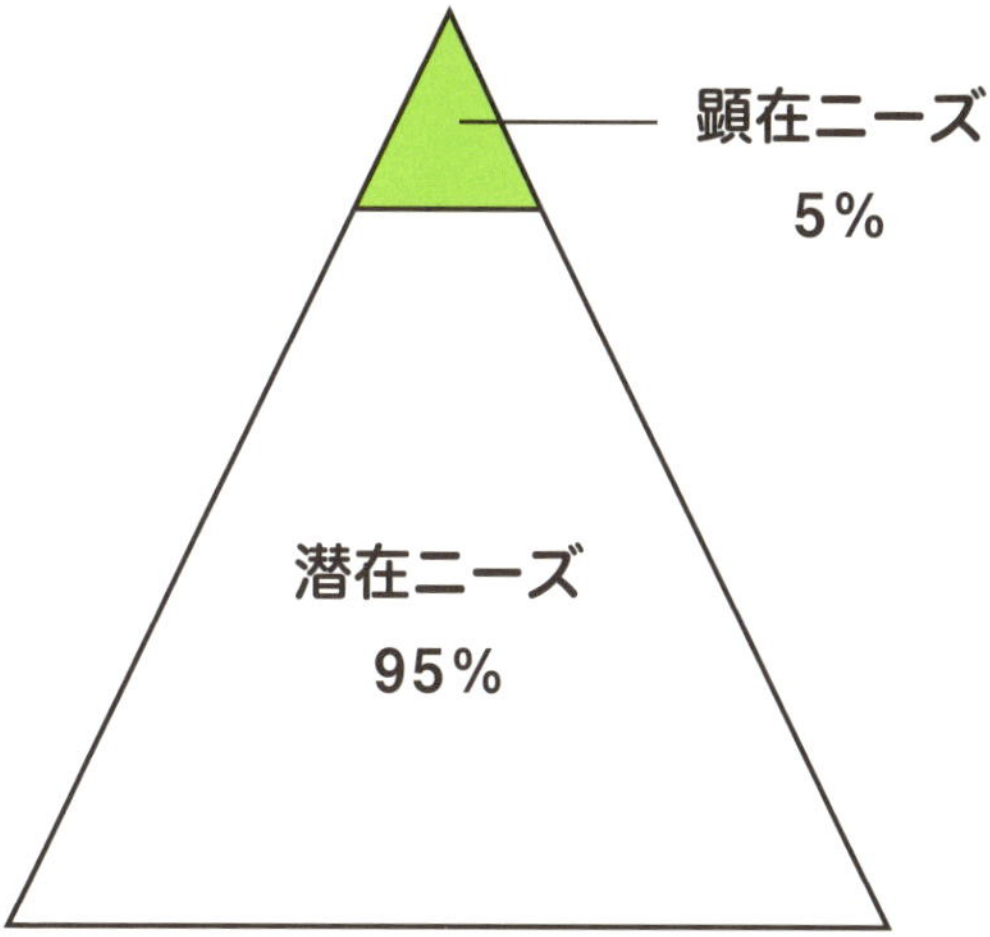

相手の本当の要望（ニーズ）を浮き彫りにしたいときには、相手の注文をそのまま受け取るのでは不十分です。本当の聴き上手は、95%の潜在ニーズを浮き彫りにする質問をします。そのためには、究極的に相手が何を目指しているのか、「目的」「目標」は何なのかを尋ねることです。優秀なビジネスマンはこれを実践しています。ぜひ意識してみてください。

プレゼンの3つのポイント

一人ひとりに語りかけるように、具体的に

社内の会議や得意先へのプレゼンで、多人数に対して話すことがありませんか?

ここでは、そういった場面で聴衆の興味を引き続ける3つのポイントを解説します。

聴衆の興味を引き続ける1点めのポイントは、その場の全員に向けて話そうとするのをやめ、常にAさん、Bさん、Cさんという一人ひとりに語りかけることです。そして相手からうなずきが得られるまでの2~3秒は、その人を見続けるつもりで話します。

2点めのポイントは、一方的に話すのでなく、時々「○○を体験したことのある方はいらっしゃいますか?」など、質問を投げかけて、聴衆の関心を高めることです。

３点めのポイントは、エピソードや具体例を入れて話すことです。

抽象的な話ではなかなか伝わりません。どこの誰がどのような場面でどういった体験をしたのかという、具体例を入れて話すだけで説得力が格段に高まります。

たとえば、「〇〇〇を購入した港区のお客様は、月々５００円玉３個分（ここで、パワーポイントのスライドなどで示す）、つまり１５００円の節約に結びついたのです」といった表現は、「〇〇〇で月々かなりオトクです」といったフレーズよりもずっと訴求力があります。

話し手にまわるときには、ぜひ以上の３点を意識しましょう。

部下がすぐに黙りこくってしまう

×

「どうして、そうやってすぐに黙ってしまうの?」

問い詰める

○

「もしかして、責められていると思っちゃったかな?」

相手側の心情を言葉にする

「いま頭の中でどんなことがよぎっている?」

相手が迷っていることを話しやすくする

「じゃあそれについて一緒に考えてみる?」

一緒にできる方法を提案する

POINT

- 黙りこくる=相手の抵抗
- 「言ってもしょうがない」「言っても責められる」と思っている
- 相手は黙っている間、何も考えていないわけではない
- たたみかけると、より抵抗する
- たたみかけるより待つほうが有効

問いかけにも応えない場合

○

「じゃあちょっと時間をおいて明日話そうか」

時間をおくことで冷静になる

アドラー心理学には、「抵抗されたら引っ込める」という考え方がベースにあるよ。これが、相手との関係が悪化しないための原則なんだ

責めずに待っていると、相手は次第に自分を信頼してくれているんじゃないかなと思いはじめるようになるよ。聴き上手になるには、粘りも大切だね

相手が自分の思い込みでまくし立ててくる

×

「お言葉ですが、そんなことを言われましても…」

さえぎる・否定する

○

1 **「○○さんはこういうことをおっしゃっているんですね」**

相手の言ったことを繰り返す

2 **「○○について、参考になりました」**

相手から得たポジティブな学びを伝える

3 **「そのうえで、こちらとしては○○で…」**

こちらの考えを伝える

POINT

- 相手のまくし立ては夕立と同じで3分間も続かない
- 途中で口をはさむと、相手は余計にまくし立ててくる
- 相手がひと息つくまで待つ

苦手な上司・目上の人と話さなければいけない

×

「まずい…やだな…」（心の声）
「適当に切り上げないと…」（心の声）

ネガティブな気持ちで話す

○

「タイプの違うこの人から、何が学べるかな」（心の声）

ポジティブな気持ちで話す

POINT

- 「苦手」「避けたい」と思っているままでは現状は変わらない
- あえて相手の懐に入ってみるようにする
- どこが相手と協力できる点なのかに意識を向けて話をすると、関係が発展的になりやすい

仕事関係で招かれたパーティで初対面の人と仲良くなりたい

○

「○○さん、こちらの方をご紹介していただけませんか?」

知っている人に、誰かを紹介してもらう

○

「よろしければ、名刺交換させていただけますか?」

自分から話しかける

○

「今の○○さんのスピーチ、いいお話でしたね」

「どんなきっかけで参加されたんですか?」

共通点探しをする

POINT

・パーティには目的をもって参加する
・パーティの席で自然に初対面の人と話をするきっかけは、
①知り合いに人を紹介してもらう
②お酒をつぐ
③名刺交換する
・自分から動かない、食べることだけに集中する、人を避ける態度はNG!

接待の席で、相手に気持ちよく話をしてもらいたい

×

「私は○○の役割を担当していまして、現在こんなプロジェクトを進めています。そして今後の展開は△△で…」

こちらの自己紹介を長々とする

○ 1

「○○さんが大事になさっていることは何ですか？」

相手の信条を尋ねる

○ 2

「それはどういうことなのでしょうか？」

POINT

- 「接待の席＝相手のお話を聞かせていただく場」ととらえる
- 聴き手役に徹し、相手の情報以上に、こちらが情報を与えることはしない（こちらが話すのは質問されたときだけ）
- 目上の人の大切にしている言葉・態度・経験に触れた質問をする（これで気持ちよく話せない人はいない）
- 聴いてもらえた相手は「大切にしてもらった」と感じる

同意できない話をされた

×

「私は政治的な話はしたくないんです」

否定する・話を打ち切ってしまう

○

「○○さんはこう思ってらっしゃるんですね」

いったん相手の気持ちを受けとめる

○

「○○さんのこの部分については、私も同じ考えをもっています。ただ、この部分については違う見解をもっています」

共通部分を伝える＋違う見解を伝える

POINT

- 反論しないよう心がける
- 相手と意見が異なる場合、部分反論にとどめる（そのほうが相手にやわらかく伝わる）
- 全面否定すると、相手との関係がこじれてしまう（人格否定されたと思われてしまう）
- 感情を入れて発言するのはNG（致命的な亀裂が生じてしまう）

相手に「この人は信頼できる！」「気に入った！」と思ってもらいたい

×

「すごいです！」
「さすが○○さん！」

こびへつらっていると思われてしまう

○

「あなたのこの話を聴けて、とても感謝しています」

感謝の気持ちを伝える

○

「あなたのこの話を聴いて、私はこのことを学びました」

相手から得た学びを伝える

POINT

・相手に信頼してもらえる人は、
①真摯に聴く
②話の腰を折らない
③相手の話に興味をもっていることを伝える
以上3つを実践している
・おおげさにほめすぎると、相手は逆に否定されたような気持ちになることも
・「感謝の気持ち」「学びの気持ち」は、相手が素直に受け取れる最大の言葉

失敗した同僚を力づけてあげたい

✕ 「詰めが甘かったんじゃないの?」
非難

✕ 「まあ、A社だけが得意先じゃないし、ほかで取り返せるよ」
励まし

✕ 「課長に担当の会社を分けてもらえば?」
聴き手本意

✕ 「人生山あり谷あり、このくらいの失敗で気落ちしないで」
叱咤激励

✕ 「残念会をやろうよ」
不要な提案

POINT

・むやみやたらに声をかけない
・非難は、本人の落ち込みをさらに増大させる
・励まし・聴き手本位な提案は、一方的な印象を与える

○

「そうかぁ。ミスで担当者を怒らせて注文をなくしちゃったのか。残念だね」

共感

○

「何か僕に力になれることはあるかな?」

問いかけ

POINT

・まず「がっかりしたね」など、相手のおかれた状況に共感する
・そのうえで「力になりたいけれど、どうすればいいかな?」と問いかける
・相手が「そっとしておいてほしい」と言うなら見守り、「一緒にお酒をつき合ってくれる?」と答えてきたときには力になれば○

部下が失敗して落ち込んでしまっている

○

「チャレンジすることで、どんな結果を引き出したかったのかな？」

チャレンジの証

○

「何か重要なことに気づかなかったかな？」

学習のチャンス

○

「次は、どんな点に気をつけたらいいいんだろうか？」

再発防止

○

「5年後か10年後に今回のことを振り返ったとしたら、どんなプラスがあるかな？」

未来への教訓

POINT

- 失敗はチャレンジの証、学習のチャンスととらえる
- 非難はしない
- 失敗したときの対応ポイントは、①謝罪 ②原状回復 ③再発防止
- 部下やプロジェクトメンバーが失敗したときには、②原状回復と③再発防止に目を向ける問いかけが◎

沈んでいるチームを元気にしたい

手をあげる

「その件に関して私はこうしたいと思います」

巻き込む

「誰か一緒にやりませんか？」

賛同者を増やす

「あなたも手を貸してくれませんか？」

POINT

- チームが沈んでいるとき、一員として貢献する方法は3つある
- ①手をあげる、②「この指止まれ！」方式のチームの変革活動を仕掛ける、③チームの10%からはじめ、40%の賛同者を目指す
- 40%の賛同者ができると「無視できない勢力」になり、かなりの影響力を発揮する
- 一部の反対意見を恐れずに声をかけると信頼される

相手にNOと言わずに代案を出したい

×

「全然ダメです」

頭から否定する

△

「そうですね。でもこちらはもっといいですよ」

○

「そうですね。　ところでこんないいものもありますよ」

POINT

・反対意見を伝えるときには次の3つがある

①ノー（違います）→相手は完全に否定された気になる

②イエス、バット（そうですね、でも）→結局は否定された印象が残る

③イエス、バイ・ザ・ウェイ（そうですね、ところで…）→相手の意見を受け入れたうえでこちらの意見を添える

・③は「相手の意見+自分の意見=第三の考え方」が生まれる=相手を否定せず、協調を生み出せる

触れられたくない話題、困った話題を出された

知り合って間もないとき

「そうですかー」

あえて踏み込まず、あいまいに答える

気心が知れていて相手の意見に賛成できるとき

「もう少しまわりの意見も聴けばいいのにと思うときがあります」

さりげなく同じ意見であることを伝える

気心が知れていて相手の意見と異なるとき

「弊社では政治と経済を分けて考えているのです」

その話題に触れたくない旨をはっきり伝える

POINT

・お金の話や政治・宗教・セックスなどの話題に有効
・とくに政治や宗教の話題はナイーブで、対応の仕方によって関係が悪化すること、逆に連帯感が生まれることもある
・相手から集会などに誘われた場合（とくに価値観が違う場合）は、ほかの予定があることを口実にして丁寧にやんわり断り、巻き込まれないようにする

年配者に喜ばれる質問をしたい

普段、めったに話すことのない会社の役員、お得意様の役員・部長クラス、日頃面識のない年配の親戚の人などと一緒にいて、話題に困ることがあります。

この場合、できるだけ共通点を探したうえで、次に紹介する3点を心がけると、相手の懐に入れて、さらに一目置いてもらえることがあります。簡単な順から紹介しましょう。

1　愛読書を尋ねる

2　座右の銘を尋ねる

3　成功の秘訣を教わる

年配者や権威のある人に対してこの3つを心がけ、さらに関心を示して話を聴いてみましょう。あくまでも相手を主人公として話題を展開することを心がけるのが、社会的立場が高い人の懐に飛び込む上手な方法です。

○

「お好きな御本を紹介してください」

愛読書を尋ねる

○

「座右の銘があれば教えてください」

座右の銘を尋ねる

○

「どうすれば、そのような境地にたどりつけるのでしょうか？」

成功の秘訣を教わる

やる気があって
素直だな

相手が受け取りやすいお願いをしたい

×

「このところ子どもが生まれてから出費がかさんで、妻にも頼めないし…かといって実家にも頼れないし…それで…1万円ばかり貸してくれない？」

POINT

相手が不快になるお願いのしかた

① まわりくどいお願い

② 過大なお願い

③ 相手の立場を考えないお願い

○

「1万円ばかり貸してくれないかな？じつは…」

理由を説明する

POINT

相手が受け取りやすいお願いのしかた

① 率直なお願い

② あまり負担に感じないお願い

③ 相手の立場を考えたお願い

相手が協力者になるお願いをしたい

仲間の代表として

○ 「○○さんの披露宴をみんなで盛り上げようよ。サプライズで○○さんが会社でどんな人なのか、物まねショートコントをするのはどうかな?」

素直に頼む

後輩に忘年会の企画を頼む

○ 「よっ! 合コン王子! ○○くんの力がぜひほしいんだよ。大学時代に活躍した○○くんなら忘年会で楽しい企画を考えてもらえそうだからお願いしたいんだけど…」

負担に感じさせないようにする

上司に顧客への訪問を頼む

○ 「部長のお力が必要な案件があります。ご同行いただけると商談が一歩も二歩も進むのですが…」

相手の立場を考える

気持ちを伝えて相手を動かしたいとき

●理屈では人は動かない

「『理動』という言葉はない。理屈でなく感情で人が動くから『感動』という言葉があるのだ」と言った人がいます。

理屈で相手を動かすよりも、気持ちを伝えることで相手の感情に働きかけ、相手を動かすことのほうが簡単です。

たとえば、ある講師に低予算で講演を依頼する場合、次の2つの言い方では、どちらが引き受けてもらえる可能性が高いでしょうか？

①「○○先生を講師にお招きしたいと思い、ご連絡しました。先生の御本を読んだのがきっかけです。規定で十分な講師料をお支払いできないのですが、お引き受けいただけますか？」

②「○○先生、ぜひご講演をお願いしたいと、思いきってお電

話しました。先生の御本にとても感動しました。お察しかもしれませんが、講演料が十分でないのが残念です。それでも、なんとかお引き受けいただけませんでしょうか？」

①の依頼のしかたでは、受ける側も理性的になって、ビジネスのやり取りになってしまいます。ところが、②のように気持ちを伝えながら依頼すると、講師も意気に感じて、一肌脱ぎたいような気持ちになることがあります。

理屈でなく感情で人は動くことを念頭におき、気持ちを伝える「伝え方」を心がけましょう。

聴き上手な人は、日頃から相手がどんなことに気持ちを動かすか、よくヒアリングしているよ

COLUMN

話し手になるときには

あなたが話し手、説得する側になるときには、「何について説得するかが明確であること」、「自分が言いたいことを考えておくこと」が大切です。

台本なしにドラマやお芝居をはじめる人はいません。人前で話すことや人を説得することが決まっているなら、まずは自分が言いたいことを考え、推敲することです。

アップルの創業者で 2011 年 10 月にこの世を去ったスティーブ・ジョブズ氏は、新製品発表のプレゼンの前には、何日間も考え、推敲を重ね、リハーサルを行っていたことが伝えられています。

経験が少なければ少ないほど、話すことに慣れていなければいないほど、相手へのプロポーズのつもりで、言いたいことをまとめておくようにしたいですね。

PART

6

ケース別会話例
～プライベート編～

本章では、日常生活やプライベートでたくさんの人が遭遇するシーンを、フレーズを紹介しながら解説します。

初対面の人と10分以上気持ちよく雑談を続けたい

「○○△△さんなんですね。お名前の由来はなんですか？」

「ご出身はどちらなんですか？」

「どんなことがお好きですか？」

POINT

・①名前 ②出身地 ③趣味 ④家族の話はラポール（信頼関係）を築きやすい話題
・話す割合は相手7：自分3を目安に
・いきなり仕事の話をすると、相手によっては引いてしまうこともある

普段交流がない人とばったり会った

「あれからどうしているの？」
「元気にしている？　最近どう？」

聴き役になる

「そういえば、○○さんが最近こちらに戻ってきたみたいだね」

共通の知人の話を出す

POINT

・長い時間を話そうとしない
・話を引き延ばそうとするほうが、余計にぎこちなくなる
・ひと言、ふた言ですむような言葉がけにとどめるのが自然で○

相手のグチを切り上げたい

×「いつまでグチを言っているの?」

さえぎり・否定

○「○○さんは愛情深いんだよね」

○「△△について、関心が強いんですね」

言葉を変換することをリフレーミングといって、聴く力に長けている人はこれが得意だよ。92ページからの表も参考にしてね

POINT

- さえぎり・否定は逆効果
- 相手のマイナスをプラスに変えて伝える
- プラスに言い換えて伝えれば、否定しなくても、相手は自分ではっと気づく

相手の本音を知りたい

×「どうせ、こう思っているんでしょ？」

決めつける

×「あのね……ええと……わかりづらいんだけど……」

まわりくどく言う・ためらう

○**「本当のところ、どう（ありたいと）思っている？」**

時間をおくことで冷静になる

○**「どんな状態になっていたい？」**

理想の目的・ビジョンを尋ねる

POINT

- 決めつけは相手がもっとも傷つく
- まわりくどい聴き方では相手に伝わらない
- 究極の目的・目標をダイレクトに聴くことで、相手の根底にあるものが引き出されていく

相手のニーズを意識しよう

相手が何を求めているのかに注目する

聴き手になるときも、話し手にまわるときも、相手のニーズを意識することは非常に重要です。

カウンセラーを志す人に指導をするとき、私は「ニーズ（必要性）なきところにサプライ（供給）なし」と伝えています。そもそも相談する気がない人に助言するものではありませんし、まだ相手のニーズが把握できていない段階でいろいろと押しつけてはいけないからです。ちょうど頃合いのいいところで助言をすると、クライエント（カウンセリングを受けにきた人）は、すんなりと助言を受け入れてくれます。

あなたが説得する側にまわるときも同じです。受け入れる準備ができていない相手を説得にかかろうとすると、抵抗されることがありますし、表向きは賛成しても本当は納得していないこともあります。しかし、相手の準備ができているところに、こちらの意思や要望を伝えると、快く受け入れてくれることがあります。

このときに意識したいのは、相手のニーズです。

ニーズとは、具体的に言うと、相手にとってのメリットにあたります。これには、経済的なメリット（金銭的に得をする）だけでなく、精神的なメリット（楽しみが増える、周囲から賞賛される、周囲とのいい関係が保てる、自分が貢献できる、進歩・成長ぶりが確かめられる…など）もあります。

聴き手になるときも、話し手になるときも、相手が何を求めているのか、相手がどんなメリットを得たいと思っているのか、注目するクセをつけましょう。あなたへの信頼感が、ぐっと高まります。

悲しんでいる相手に寄り添いたい

×

一緒に泣く

いきなり肩に手をまわす

○

「私にできることはあるかな？」

「私はどうしたらいい？　どうしてほしい？」

相手に希望を尋ねる

アドラー心理学の大切な考え方「課題の分離」を思い出そう（42ページ参照）

POINT

- 変に寄り添いすぎない
- 入り込もうとしすぎない
- 過度に寄り添いすぎると、相手の依存を増長させてしまう
- 寄り添ってほしい人も放っておいてほしい人もいるため、相手の希望を尋ねる

相手に心をひらいてオープンに話してもらいたい

×

「○○について知っている？　△△は終わったの？」

「はい」「いいえ」で答えられる質問を連発する

○

「これはなんですか？」「いつはじめたんですか？」「どこでなさっているんですか？」

5W1Hで答えられる質問をする

POINT

- 「はい」「いいえ」で答えられる「閉じた質問」（クローズド・クエスチョン）を連発すると、相手はどんどん答えづらくなる
- 閉じた質問は、会話のきっかけだけにとどめる
- 5W1Hで答えられる「開いた質問」（オープン・クエスチョン）をすると相手は答えやすくなる
- 「○○か△△、どちらがいいと思いますか？」という聴き方も、話を広げるきっかけとして◎

相手の話を聞いているうちに腹が立ってきた

×

「それは違うだろ！」

相手のペースに巻き込まれて感情的になる

○

「明日もう一度話さない？」

機会（時間）を変える提案をする

POINT

- 相手の話を聴いて腹が立ってきたときは、①こちらが主導権を握りたくなってきたとき、②自分の価値観と相反するとき、このどちらかに該当していることが多い
- 相手のペースに乗らないことが大原則
- クールダウンさせるため、機会（時間）を変える提案が有効

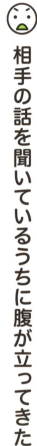

相手が感情的になっているのをなだめたい

× 「なんでそんなに怒っているの？」

「なぜ？」の問いかけをする

× 「それは変だよ」

評価する

○ **「○○さんはこんなふうに感じているんだね」**

○ **「○○さんの言いたいことは△△なんだよね」**

POINT

・感情を感情で返すのは×
・相手の話を反復できると、クールダウンになる
・相手のホットをクールで受けると、相手もクールダウンしていく

相手に衝撃的な話をされて動揺してしまった

×

「あなた、そんなことしたの!?」

相手を責める

「信じられない!!」

人格否定する

○

「私にとっては予想外だった」

「私」を主語にしたメッセージで伝える

○

「正直なところ、驚いて、今何を言ったらいいのかわからなくなっているんだ」

動揺した気持ちを無理に隠さない

POINT

- 動揺するのが悪いわけではない
- 聴き手自身がどう感じたかは自由ととらえていい
- 「私」を主語にして感じたことを伝えれば、相手にやわらかく伝わる

お互い話しベタで会話が途切れてしまった

×

「……」

そのまま沈黙…

○

「Cさんなら、こんなときどうするんだろうね」

共通の知人の話題を出す

3人いる場合

○

「ねえ、○○さんはどう思う?」

話しベタではない人に話を振る

POINT

- 2人(二者関係)では話が弾まないときは三者関係の会話に持ち込む
- 実在の人(3人めの人)がそこにいる場合でも、いない場合でも有効

お見合いや紹介の席で、初対面の相手に好感をもってもらいたい

✕

「私は………、私は………」

自分のことばかり話す

「年収はどれくらいなんですか？」

ぶしつけ

「私からすると、この点はいいですよね」

評価・上から目線

○

「○○さんはどんなことがお好きなんですか？」

○

「今日はお会いできてとても楽しかったです。ありがとうございました」

POINT

初対面の相手に好感をもってもらうには…

1　誠実な関心を寄せる
2　笑顔を忘れない
3　名前を覚える
4　聴き手にまわる
5　関心のありかを見抜く
6　心からほめる

出典：デール・カーネギー「人に好かれる6原則」より

意中の相手からもっと好かれたい

×

「そんなの関心ないな」 無関心

「○○さんにとっては大切かもしれないけど、私は違うな」 否定

○

「家族を大切にしているあなたはステキだと思う」 肯定

POINT

- 相手が大切にしていることを大切にすると、相手は自分が大切にされている気持ちになる
- 無理して「私も好きにならなければ」と思う必要はない
- ただ相手の趣味や宝物を尊重すればOK

落ち込んでいる恋人の話を聴きたい

×

「いつまで落ち込んでいるの？」（責め）

「落ち込んでいる場合じゃないでしょ」（評価）

「大丈夫だって！　いいことあるよ！」（励まし）

○

ただ、そばにいる

○

「私にできることは？」

POINT

- 相手が話したいかどうか確認する
- 過剰サービスや無視はNG
- 相手のプライドを傷つけない
- 相手のニーズを尊重することが何よりも大切

パートナーのいいニュースを一緒に喜びたい

×

「えらいね!」 上から目線

「次はもっと上を狙えるね!」 プレッシャー

「ちょっと舞い上がりすぎじゃない!?」 評価

○

「おめでとう!」

○

「喜んでいるあなたを見ると、余計にうれしくなるよ!」

POINT

- 一緒に喜んでくれない相手に、人は距離を感じる
- 「プラスの共感」「分かち合い」で、より親密になれる
- 一緒に喜びを分かち合うと、逆の立場になったとき、相手も同じように喜んでくれるようになる

結婚相手の親と顔合わせをする

×

自分から話さない
相手の親に敬意を払わない

○

「〇〇さん（結婚相手）にはいつも大切にしていただいています」

POINT

・パートナーを立てる
・相手の親のことも立てる
・義理の親子の場合、親のメンツを立てるかどうかで、その後の関係性が大きく変わる
・母親にとって女性はライバル、父親にとって男性はライバルということを忘れないこと

ワンポイントアドバイス

パートナーの親族に好感をもってもらうには？

義父母や遠い親戚など、パートナーの親族に好感をもってもらうためには、かならず心得ておきたいことがあります。それは下記の３点です。

1　舅・姑との関係は仕事関係だととらえる
2　冠婚葬祭はしっかり守る
3　大切に思っていることを態度で示す

自分の実家のほうが大切だという態度をとることや、相手方の親族の前でパートナーとべったりするのは、好感を著しく損なう行為ですから絶対に避けましょう。舅・姑にとって、会いたいのは実の子ども・孫であることを忘れてはいけません。

実の家族・親より義理の家族・親を大切にすることが、結婚生活がうまくいく鍵です。

COLUMN

謙虚な気持ちで聴く姿勢を忘れずに

人間の器の大きさは、周囲の人からのフィードバックに対して謙虚であるかどうかで測れます。

器の小さい人は、些細なことに腹を立て、自分を正当化しようとしがちです。まわりの人がその人のためを思って伝えたことに対して、まるで批判や非難のように受け取り、反発することが多々あります。

それに対して、器の大きな人は、厳しい意見や批判でも、自分を振り返るための大事なフィードバックととらえ、自己成長の糧とします。いっとき少しムカッとすることがあっても、感謝の気持ちを忘れません。

人からの意見に対して謙虚な気持ちで聴くことができる人ほど、人間として大きくなることができます。
そしてこのスタンスこそが、真の聴き上手になるための最大の要素かもしれません。

EPILOGUE

自分と相手のタイプを知ろう

相手のタイプを知ったうえで接すれば、良好な関係を築きやすくなります。本章では、アドラー心理学にもとづいた人間タイプについて紹介します。あなたやまわりの人は、どのタイプに該当するでしょうか？

あなたのまわりの人はどんな人？
6つのタイプ

一般の心理学では、その人特有の思考、感情、行動の特性をまとめて「性格」と呼び、性格が一度形成されると変わりにくいとしていますが、アドラー心理学では、特有の思考・感情・行動は、教育を受けたり、本人が自覚的な努力をすれば変えることができると考え、性格と識別する意味合いで、思考・感情・行動のスタイルを総称して「ライフ・スタイル」と呼んでいます。

ここでは、ライフ・スタイルのタイプを大きく下記の6つに分類して紹介します（傾向の強さには個人差があります）。
会話をする際の参考にしてください。

ゲッター
（欲張りタイプ）

ベイビー
（赤ん坊タイプ）

ドライバー
（人間機関車タイプ）

コントローラー
（自己抑制タイプ）

エクサイトメント・シーカー
（興奮探しタイプ）

アームチェアー
（安楽タイプ）

ゲッター（欲張りタイプ）

・「他者は自分に奉仕して当然」という自己理想を持っている人
・依存攻撃型
・ギブ・アンド・テイクのうちテイクの要素が強く、自分の利害感覚に敏感
・金銭、モノ、人からの注目などに執着しがち
・人をあてにしており、その人が自分の期待に応えないと、腹を立てることも
・友人関係では、その人が自分に何をしてくれるかに関心が強い

このタイプの人との接し方は…

・この人の強みを生かす
・まわりに貢献する機会を提供する
・この人の適切な行動に注目する

ベイビー（赤ん坊タイプ）

・「人からの保護がほしい」という自己理想を持っている人
・受動依存型
・自分の弱さを強調して、他者の援助、保護をあてにする傾向がある
・自分から積極的・能動的に他者に働きかけない
・人を頼りにして人生の課題に取り組まないことも
・一方で自分は特別な取り扱いを受けるべきだと思っている面もある
・周囲の人の感情に敏感で、自分を人に合わせることができる
・目上の人に好かれ、縁の下の力持ちの役割ができる

このタイプの人との接し方は…

・調整役をゆだねてみる
・リーダーシップの訓練を行う
・能力を認めていることを伝える

ドライバー（人間機関車タイプ）

- 「私は優越でなければならない」という自己理想を持っている人
- 頑張り屋、努力家
- いつも一番になろうとしたり、中心人物になろうとする傾向がある
- 強引すぎて仲間が従わないことも
- 対人関係では支配的・権力的になりがちで、攻撃性も強い
- 能動的・活動的な一方で、心のどこかに空虚感があり、この不安を打ち消そうとして頑張る面も

このタイプの人との接し方は…

- リーダーシップを発揮してもらう
- 参謀役を配置する
- 主導権争いを回避させる

コントローラー（自己抑制タイプ）

・「私は失敗してはならない」という自己理想を持っている人
・クール
・時間をよく守り、身辺も清潔・身ぎれい、秩序やルールにも忠実
・感情的に自分を表現することが少ない
・まわりからは「冷静」「知的」に見られることも
・感情的にならないのではなく、必死で感情を抑えようとしている傾向がある
・定まった手順で手堅く仕事をする
・突発的な出来事が起ると困惑したり、まわりから「融通がきかない」と見られたりすることも
・仕事は几帳面で正確。任せて安心と思われるタイプ

このタイプの人との接し方は…

・依頼するときは、期限と精度を明らかにしておく
・この人からフィードバックを受ける
・時には無理せず遊ぶことを勧める

エクサイトメント・シーカー（興奮探しタイプ）

・「私は興奮していたい」という自己理想を持っている人
・好奇心旺盛
・イベントやお祭りのような騒ぎを楽しみ、わざと危ない目にあおうとするのが好きで、度が過ぎて規則を破ってしまうことも
・最初は元気で勢いもあるが、途中で飽きてしまう傾向もある
・好奇心旺盛で遊び心があるため、ユニークな発想ができる

このタイプの人との接し方は…

・仲間と楽しみを共有するように誘導する
・アイデアを尊重してあげる
・手綱を締めておく

アームチェアー（安楽タイプ）

・「私はラクをしていたい」という自己理想を持っている人
・周囲の人には「本気になればもっと力を発揮できるのに」というイライラ感を与えるが、本人は気にせず、自分流を貫く
・面倒なこと、苦労すること、責任の重いことは引き受けたがらず、パフォーマンスも高くない
・自分自身は、何かにこだわっていることもあるが、まわりの人は知らないでいる

このタイプの人との接し方は…

・同じタイプの人と群れないようにする
・その人独特のものの見方を尊重する
・頼むときは内容を絞って伝えると◎

どのタイプに対しても避けたい接し方とは？

本章では、それぞれの性格タイプと接し方のポイントについて解説していますが、どのタイプの人にも避けたい接し方は「ダメ出し」です。

人は、いいところも、そうでないところも、注目されたところが伸びていくという特徴をもっています。できていない部分にばかり注目すると、ますますマイナスの行動が目立つようになり、できている部分に目を向けると、プラスの行動が増えていくのです。

ダメ出しは、言うほうも、言われたほうも、いい気持ちのしないものです。どんなタイプの人と接する場合も、相手のよい面に目を向ける習慣はもっておきたいですね。

6つの複合タイプ

前述した6つのタイプに加えて、複合型の人もいます。

ゲッター+ドライバー

別名 やり手

・やり手で、人からの関心や注目を浴びていたい人
・芸能人などに多く、注目、関心が得られるとがんばるタイプ
・お金、権力などの感覚が鋭く、それらを求めてがんばることができる
・成功者に多いが、注目や関心が得られなくなると、とたんに行動しなくなり、大失敗することもある
・有名人、権力者に取り入るのがうまい

こんな人と話すときには…

・「すごい！」「さすが！」と感激を示す
・人気のあるタレントとの類似点を表明する
・ヒーロー／ヒロインになれる舞台を提供する

ドライバー＋ベイビー

別名　中間管理職タイプ

・上司に信頼されて伸びる人
・末子型リーダー、調和型リーダータイプ
・目上の人や後輩から信頼されると、縁の下の力持ちになって、リーダーシップを発揮する
・適材適所に人を配置して、人を動かす

こんな人と話すときには…

・キメ細かな配慮に感謝の気持ちを示す
・決断や指導力の発揮をうながす
・時として代わってリーダーの役を引き受ける

ドライバー＋コントローラー

別名　完璧主義者

・ストレス・マネジメントでは、タイプAと言われる
・曖昧を許さず、自分にも厳しいが、他者（部下）にも厳しい
・自分のゴールを目指して完璧でありたいと思いながらがんばる
・妥協することのない馬車馬タイプ

こんな人と話すときには…

・あいまいな表現を避ける
・仕事を引き受ける際は、「いつまでに」「どのレベルで」を確認する
・信頼していることを伝える

ドライバー＋エクサイトメント・シーカー

別名　プロジェクト推進タイプ

・短期集中型で楽しくがんばるが、ムラがある
・竜頭蛇尾に終わることも
・陸上競技にたとえるなら、短距離走は得意だが、長距離走は苦手
・人から干渉をされると、それ自体がイヤになってしまう
・コツコツと日々のルーティンワークを進めるより、プロジェクトなどに没頭するとがんばるタイプ

こんな人と話すときには…

・喜びを共有する
・ロードマップ（1ヵ月後、3ヵ月後など）を示す
・牽制役を引き受ける

ベイビー＋コントローラー

別名 追随者

・状況を見ているだけで、なかなか行動しない
・他者を観察して、どうしても自分が動く必要があると思ったときだけ行動する
・リーダーよりフォロワーとして活躍するタイプ
・あとで「やっておけばよかった」と後悔することがある

こんな人と話すときには…

・きっぱりと責任範囲を示す
・こちら側が指導力を発揮する
・勇気づけの言葉を多めに言う

コントローラー＋エクサイトメント・シーカー

別名　極める人

・じっくりと時間をかけてするような仕事が苦にならない
・長年かけてじっくりモノにしていくタイプ
・移り気ではない
・特殊な才能を花開かせることがある

こんな人と話すときには…

・粘り強く取り組んでいることを認める
・得意分野のうんちくを傾けてもらう
・長期的な原動力に関心を示す

おわりに

本書を最後までお読みいただき、ありがとうございました。

私は、人間関係とコミュニケーションの分野で非常に効果のあるアドラー心理学を30年以上伝えています。そんな中で、さまざまなテーマの著作を執筆してきましたが、とくにコミュニケーションについて著した書籍は2冊あります。『アドラー心理学による カウンセリング・マインドの育て方』（コスモス・ライブラリー、２０００年）と『アドラー流 人をＨａｐｐｙにする話し方』（三笠書房 王様文庫、２０１５年）です。

しかしながら前者は、管理者を主要な読者として想定したカウンセリング・マインドの本で、聴き方に関しては付随的に触れているにすぎません。また、後者は、話し方・伝え方に類する本です。

そんな折、私は「聴き方」に特化した本を出したいとの思いを抱いておりました。

ヒューマン・ギルドにカウンセリングを受けに訪れる人は「人間関係で悩んでいる」と訴えることが多いのですが、その悩みの大部分はコミュニケーションに関することです。

ほとんどの人が「自分の気持ちを上手に表現したい」と口にするのですが、話をよくよく聴いてみると、相手の言っていることにうまく反応できていないのです。つまり「聴き方」に問題があるということです。

また、多くの人が、もうひとつ勘違いしています。

職場で部下を持つようになると、「どうやって相手に伝えるか？」「どのように話したらいいのか？」ということが気になって、「話し方」「プレゼン法」などの本を読む人がいます。

それも大切なことではあるのですが、部下のニーズは「上司が話し上手になってほしい」ということよりも「しっかりと自分の話を聴いてほしい」というところにあるのではないでしょうか？

そのような思いから「コミュニケーションが上手になる→人間関係が良好になる」の糸口としての「聴き方」に特化した本を出したいと願っておりました。

その念願が、絶妙のタイミングでかんき出版のお眼鏡に叶ったのです。

あなたが手にした『アドラー流　一瞬で心をひらく聴き方』は、「聴き方」というテーマをアドラー心理学のカラーに染めてあなたにお届けした本です。

引っ込み思案でも、話し下手でも問題はありません。

この本に書かれていることを頭に入れて「聴き上手」を実践すれば、1 相手の人に好感を持たれ、2 情報が豊かになり、3 相手の問題解決に役立つ、ことができるのです。相手との信頼関係を確保できるだけでなく、そのことを通じて自分自身をより受け入れることができる、という副産物も生まれます。どうか、どんどんチャレンジしてみてください。

最後に、本書はかつて明日香出版社から出版していた『図解 伝わる！ように「話せる力」』（２０１１年、絶版）の内容をベースに制作していますが、かんき出版常務取締役山下津雅子さん、サイラスコンサルティング代表取締役星野友絵さんのお力添えもいただき、大幅に加筆修正を施しています。おふたりのお力がなければ、ここまで平易に表現できなかったと思います。

その意味で、山下さん、星野さんに感謝申し上げます。

また、版権譲渡にご協力くださった明日香出版社にもお礼申し上げます。

２０１６年　２月　岩井俊憲

【著者紹介】

岩井　俊憲（いわい・としのり）

◉——アドラー心理学カウンセリング指導者、中小企業診断士。1947年、栃木県生まれ。1970年早稲田大学卒業。外資系企業の管理職などを経て、1985年、有限会社ヒューマン・ギルドを設立し、代表取締役に就任。2021年よりハリウッド大学院大学の客員教授を務める。

◉——ヒューマン・ギルドでは、アドラー心理学を中心に据えたカウンセリングや心理学の各種講座を行うほか、企業や自治体を中心に、アドラー心理学を基盤とした勇気づけやリーダーシップ、コミュニケーションの研修などを実施している。研修の評判は非常に高く、経営者、企業のリーダー・管理職、会社員、学生、主婦まで、幅広い層の人々から人気を博している。

◉——著書に『マンガでやさしくわかるアドラー心理学』シリーズ（日本能率協会マネジメントセンター）、『人生が大きく変わる アドラー心理学入門』（かんき出版）、『勇気づけの心理学　増補・改訂版』（金子書房）、『感情を整えるアドラーの教え』（だいわ文庫）、『アドラーに学ぶ70歳からの人生の流儀』（毎日新聞出版社）、監修書に『アドラー流 たった１分で伝わる言い方』『マンガでよくわかるアドラー流子育て』（ともにかんき出版）など、ベストセラー・ロングセラーが多数ある。

●ヒューマン・ギルド　ホームページ　http://www.hgld.co.jp

●岩井俊憲の公式ブログ　http://blog.goo.ne.jp/iwai-humanguild

編集協力—星野友絵（silas consulting）

アドラー流《りゅう》 一瞬《いっしゅん》で心《こころ》をひらく聴《き》き方《かた》　〈検印廃止〉

2016年２月１日　　第１刷発行
2022年４月１日　　第９刷発行

著　者——岩井　俊憲©
発行者——齊藤　龍男
発行所——株式会社かんき出版
東京都千代田区麹町4-1-4 西脇ビル　〒102-0083
電話　営業部：03(3262)8011㈹　編集部：03(3262)8012㈹
FAX　03(3234)4421　　振替　00100-2-62304
http://www.kanki-pub.co.jp/

印刷所——ベクトル印刷株式会社

ISBN978-4-7612-7145-9 C0034